UN OUVRIER CHRÉTIEN

Éditions de
l'Apostolat de la Prière

1.

UN OUVRIER CHRÉTIEN

François VAN DER MEERSCH

Au Révérend Père d'AUBIGNY, s. j.

Respectueux hommage.

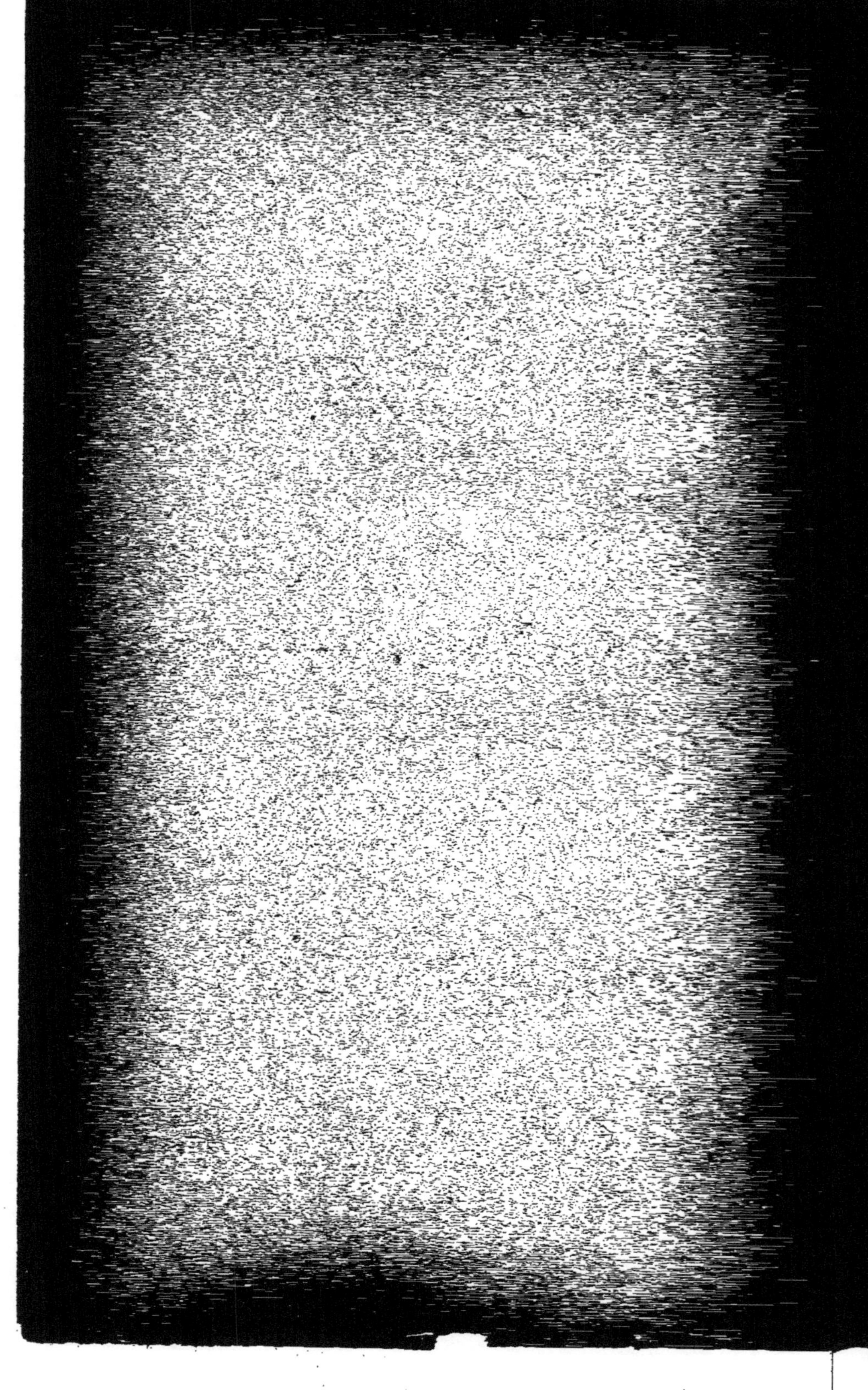

ABBÉ ALPHONSE LAMOOT

UN OUVRIER CHRÉTIEN

VAN DER MEERSCH

APOSTOLAT DE LA PRIÈRE
TOULOUSE
9, Rue Montplaisir, 9
1928

CHAPITRE PREMIER

L'enfance

C'est en l'église d'Oycke, petit village voisin
d'Audenarde et situé dans la Flandre orientale
belge, que, le 8 août 1848, fut baptisé le premier-
né de Josse ou Adolphe Van der Meersch, époux
de Rosalie Verhellen ou Verhille; l'enfant, un
gros enfant aux traits pleins de santé, reçoit de
ses parrain et marraine, François Verhellen et
Rosalie de Longie, le prénom de François. Le
foyer où il apparaît, où il est accueilli avec
grande joie, est un foyer riche de foi et de vertu,
mais où préside avant tout le travail, où règne la
pauvreté. Aussi sa vie est-elle, dès le début, mar-
quée à l'empreinte de la souffrance. Pour vivre et
entretenir la famille grandissante, le père n'a
que ses modestes gages d'ouvrier agricole qui sont
restés les mêmes. C'est pourquoi aux heures d'arrêt et de chômage, il demandera à sa femme, aux
enfants, de tenir la quenouille, de manier le fu-
seau, de tourner le rouet, et lui-même, sur un
métier d'emprunt, se mettra à tisser et à confec-

tionner de la toile : il sera bon tisserand à la main.

La mère, pour suffire à ses occupations diverses, est obligée d'avoir recours fréquemment à l'aide de son aîné. François, malgré les désirs de ses parents, en dépit des instances répétées de l'instituteur, n'ira donc que peu, fort peu en classe, si peu que, homme fait, il déplorera profondément ces lacunes infligées à sa première instruction. Il lui est toutefois plus aisé de se rendre aux cours de catéchisme, donnés en flamand, à l'église, par le vicaire. Ce qui, dans cet enseignement religieux, frappera le plus son imagination d'enfant, ce qu'il retiendra toujours, gravées de façon bien vive, ce sont les grandes et graves figures de l'Ancien Testament et des patriarches, les grandes et majestueuses scènes bibliques, les paraboles imagées de Notre-Seigneur et les leçons de mortification et de charité tirées de la vie des saints.

François écoute, observe beaucoup, cause peu ; il est froid, réservé, d'allure plutôt austère et sauvage; au foyer, toutefois, ou au milieu de compagnons plus connus, il sait se détendre; il apparaît alors plein d'entrain, de vivacité, témoigne d'une franchise qui va jusqu'à prendre les formes de la brusquerie et de la boutade; mais sous cet air de rudesse, se cache un cœur généreux, élevé, sensible, une volonté hardie et tenace. Il est fils exemplaire, fils en qui la foi domine sur l'amour. Dans ses parents, il voit moins les êtres bien aimés de qui il a reçu la vie, de qui il reçoit le pain, à qui il accorde une tendresse sans borne, que les représentants mêmes et directs de Dieu, à qui sont dûs tous égards de soumission, qu'on doit entourer de la plus stricte vénération.

Eprouvée par les charges du ménage, la santé de la mère est bientôt astreinte à des ménagements, à des soins spéciaux ; d'autre part, le plus grand nombre de bouches à nourrir grossit le chiffre des dépenses. Le père, la mère, après avoir réfléchi et prié, se résignent à prendre une décision qui coûte à leur cœur : François, à peine âgé de huit ans, est placé en une ferme voisine où, pour prix de sa nourriture et de son entretien, il aura à s'occuper de l'élève du bétail et de la garde du fruitier. Avec quelle joie, à la fin de la semaine, ou du mois, il reviendra embrasser ses parents, solliciter d'eux leur bénédiction et parfois leur remettre quelques petites pièces de monnaie, fruit d'un travail supplémentaire ou de services exceptionnels.

Néanmoins, malgré ses occupations et par une entente convenue, le petit pâtre, le petit aide ouvrier, continue à suivre régulièrement les cours d'instruction religieuse : il se prépare avec une grande piété à sa première communion, à la confirmation ; il assiste au catéchisme de persévérance, où il se montre ni le moins appliqué, ni le moins assidu des élèves. Cette doctrine chrétienne, expliquée d'un ton familier et clair par le vénéré pasteur du village, pénètre son âme à pleins bords.

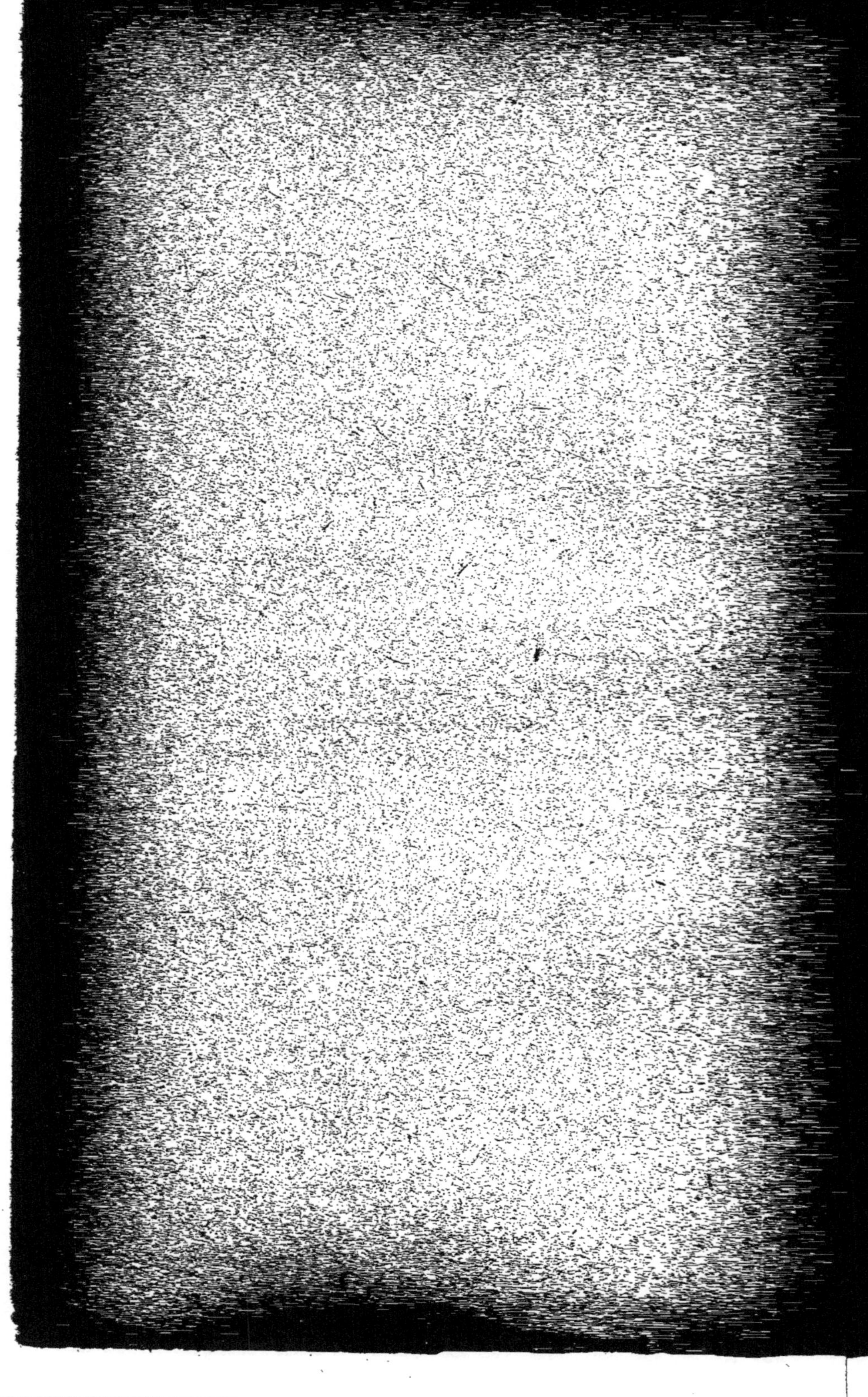

CHAPITRE II

La Jeunesse

Malgré cette décharge amenée par le placement du fils aîné, malgré le surcroît de travail qu'il s'impose, le père ne parvient pas à équilibrer le budget. Dans l'espoir d'obtenir un salaire plus élevé en des centres industriels, la famille se détermine à suivre des compatriotes qui vont, en France, s'embaucher en quelqu'une des usines d'industrie textile nouvellement établies le long de la Lys. François apprend que lui aussi doit émigrer. Mais six ans l'ont beaucoup attaché à ses maîtres, aux champs, à ses troupeaux : il demande en grâce de rester dans le pays, dans son même emploi. Les parents hésitent d'abord, à raison du jeune âge de leur fils, puis acceptent. Ce jour-là, François est si pressé de rapporter l'heureuse nouvelle à la ferme, qu'il risque de casser ses gros sabots : il a promis toutefois de donner toute satisfaction à ses maîtres. Et il tient parole; une fois pourtant, une seule fois, il se mettra en défaut, séduit un soir par l'appât et le parfum de belles pommes rougeâtres, cueillies par ordre de son maître dans la prairie : il en choisit quelques-unes et les dissimule en une cachette qu'il suppose sûre : il oublie de soigner le petit fruitier de contrebande... Les pommes se gâtent, révélant leur présence et l'auteur du larcin; le délinquant est confondu, humilié. C'est la seule humiliation qu'il encourra et c'est une faute d'enfance dont il conservera le regret et l'amertume toute sa vie.

Le petit aide devient pour ainsi dire le fils adoptif. Il s'applique davantage à plaire à ses maîtres. La provision de sous, de centimes, de piécettes qu'il reçoit en gratification, en sa tirelire, grossit peu à peu : à ses yeux, c'est une vraie richesse. Et voilà qu'un matin, le facteur, dont la venue à la métairie constituait un évènement extraordinaire, apporte un message au timbre de France : c'est le père qui rappelle auprès de lui son fils aîné. François pleure, il consulte ses maîtres : « Mon ami, répondent ceux-ci, si vos parents réclament votre présence, c'est qu'ils ont besoin de vous. Dès lors, disposez-vous à les rejoindre sans tarder; c'est une peine pour nous de vous voir partir, d'être privés de vous; vous nous avez bien servis; partout où vous irez, car le bon Dieu peut demander de vous de grandes choses, portez bien haut et de façon digne le drapeau de l'honneur et du devoir. »

Et muni de ce passeport et de ce souhait — c'est tout le bagage qu'il avait à emporter ! —

François se met en route : il traverse la frontière
et gagne Erquinghem, où il retrouve ses parents et
tous les siens. Le père s'est fait tisserand à la
main, le fils aidera son père. Brisant brusquement
avec ses goûts et ses habitudes d'hier, François
revêt un tablier de toile bleue et prend place dans
le coin de la petite demeure, à côté du métier en
bois. Il est élève et apprenti docile; il devient
bientôt aide suppléant et collaborateur précieux.
Aussi le père a-t-il résolu maintenant, d'abandon-
ner le métier à la main et d'apprendre le métier
mécanique. Il s'engage dans un tissage voisin, y
fait admettre son fils. A partir de ce moment,
François, qu'a séduit ce nouvel horizon de vie,
aimera d'un égal et grand amour et sa profession
et son métier de tisseur. C'est ce qu'il avouera
dans une correspondance adressée à cette époque
à ses anciens maîtres : « Je suis bien vos conseils, écrit-il, je fais ici comme vous l'avez dit.
Je crois que j'ai trouvé ma voie. »

Le père s'accommode moins bien du milieu
usinier; la mère elle-même regrette son genre de
vie et son clocher d'autrefois. On reprendra le
chemin du pays natal. Un matin, on place sur un
charriot de passage le léger mobilier de famille
et l'on s'apprête, paquets sur l'épaule ou à la
main, à s'acheminer vers le village de Moore-
ghem, dans le voisinage d'Audenarde, là où habitent de proches parents et de vieux amis. François, que cette décision a surpris et dont tous les
projets se trouvent soudain contrariés, supplie

sa mère d'abord, son père ensuite de le laisser en France : on accède à son désir. Livré à sa propre initiative, le jeune ouvrier organise sa vie. Il continue à séjourner à Erquinghem; il lie connaissance avec des jeunes gens de son âge, nouveaux-venus et compatriotes, tisseurs comme lui, chez qui il se plaît à retrouver communauté de langue et de coutumes, et même esprit d'indépendance et d'initiative. Il demeure toutefois le jeune homme chrétien, soucieux de sa dignité, à qui il répugne de se commettre avec le mal. Chaque dimanche, après avoir mis son paroissien flamand en poche, il remonte au village assister à la messe dans l'église paroissiale. S'il se conforme à la pratique familiale de s'approcher de la Table sainte, à Pâques, aux grandes fêtes de l'année, il ne comprend pas encore le besoin, le bonheur que l'on peut éprouver, aux temps de la jeunesse peut-être plus qu'à d'autres, de communier, de communier souvent. Les heures libres du dimanche, du lundi ou de la semaine, il les emploiera à explorer les environs, seul le plus souvent, la casquette bien enfoncée et largement rejetée en arrière.

CHAPITRE III

Le mariage. — Les premières années

Non loin d'Erquinghem, sur le territoire de La-Chapelle-d'Armentières, dans le quartier de « La Choque », vivaient deux bons ouvriers : Louis Veys et son épouse, Virginie Deriecke; ils avaient une fille du nom de Pauline. Au cours de ses promenades, François remarque cette jeune fille : elle semble posséder les qualités qui répondent aux attraits de son cœur, aux conditions de sa situation, à l'idéal qu'il veut imprimer à sa vie. Elle a vingt-deux ans; il atteint sa vingt-troisième année. On la dit simple et effacée, pleine d'énergie, de foi, de générosité : il rêve de fonder un foyer où Dieu soit le maître souverain, où le père soit l'autorité, où la mère soit l'amour, où tout soit mis en commun, le travail, la joie, la peine. Il demande la main de la jeune fille : on la lui accorde et le mariage est célébré le 11 décembre 1871, en l'église paroissiale de Saint-Vaast, à La-Chapelle-d'Armentières.

Les nouveaux époux se fixent d'abord dans le

voisinage de la demeure paternelle; ils logent là deux ou trois ans; puis, pour être plus à proximité de l'atelier, ils louent à Erquinghem et aux abords d'Armentières, dans le quartier du « Fort-Mahieu », là où jadis avaient vécu les parents de François, une maisonnette aux briques rouges déjà brunies, à étage, et à toiture de pannes, aux salles petites et restreintes, mais à loyer modeste et, de plus, précédée d'un jardinet. C'est là, au sein de cette agglomération composée de toute une population diverse qu'ont attirée les récentes constructions de filatures, de tissages, de blanchisseries, c'est là que, s'installent pour quelques années ceux qu'on a désignés sous le nom de « ménage Van der Meersch ».

Demain on ne dira plus le ménage, mais la famille Van der Meersch, car le foyer a vite grandi : onze enfants naîtront de cette union. Dieu en prit deux pour lui. Des neuf qui survivront, huit filles et un fils, François voudra faire des cœurs chrétiens et fortement trempés; il verra dans cette couronne moins un don qui lui est offert qu'un trésor confié qu'il doit faire fructifier à l'honneur et pour la plus grande gloire de Dieu.

Cette responsabilité, François la comprend mieux et entend mieux l'assumer, au fur et à mesure que s'écoulent les années, que s'accroît la famille. Pour lui, être époux chrétien, remplir sa charge de père chrétien, c'est tout un, ce ne doit être qu'un; c'est là, désormais, l'ambition, et ce sera la réalisation de sa vie.

CHAPITRE IV

L'époux chrétien. — Le père de famille chrétien. — Le foyer chrétien

François veut d'abord que dans sa maison, si pauvre, si petite soit-elle, tout ait un air chrétien ; le foyer, pour lui, doit être un sanctuaire. Lui-même, dans la salle de devant, sur le mur de la cheminée, a placé un crucifix en plâtre, souvenir de l'une des dernières Missions, et l'a garni de buis bénit. Aux murailles, il accroche des cadres qu'il a obtenus gracieusement et à l'intérieur desquels il a, aux portraits réclames, substitué les représentations de la Vierge, de saint Joseph, de l'Ange Gardien, ou des images de retraite ou de communion. Sur la table ronde seront posés, plus tard, les prix illustrés des enfants. Le pavement, fait de carreaux unis, soigneusement frottés et lavés, est recouvert d'une fine couche de sable blanc.

La cuisine a le même cachet d'arrangement et de propreté. Le grand ornement de la pièce auquel tient le père, autour duquel la famille aime à se retrouver, c'est le poële, un énorme poële flamand, monté sur pieds élevés, avec un très grand four en tôle à l'arrière, suspendu au conduit de tirage, avec un spacieux fourneau à l'avant, à coupe bien évasée, à œil d'aération bien découpé, à orifice bien large et se bouchant bien, par un épais couvercle à rebords et à hautes anses : aux barres de côté, pendent la solide et traditionnelle « platine » en fonte à long manche, et un long tisonnier. Quelques chaises de paille, une table en bois blanc, rangées le long de la fenêtre, complètent l'ameublement.

Un escalier étroit et droit mène à l'étage, à de petites chambres basses qui seront blanchies fréquemment. Un jardinet qu'au retour de l'usine l'ancien apprenti-cultivateur s'entendra à féconder, fournira, à peu près, la provision de légumes nécessaires pour la subsistance annuelle de la famille.

François voudra, avec un souci égal, faire face à tous ces travaux, journaliers ou de circonstance, que peuvent exiger l'entretien de la maison, la gestion du ménage. Plein de prévenances pour sa femme, il lui épargne toutes les besognes lourdes ou ingrates; il les prend pour lui. Levé très tôt, dans les premières années, vers quatre ou cinq heures, il descend sans bruit, entièrement déchaussé, pour n'éveiller personne, va chercher dans la cour les provisions de bois, de charbon, d'eau, prépare et allume le feu, remplit d'eau la

marmite en fer ou la bouilloire de métal, et la met
sur le fourneau, moud dans un vieux moulin de
famille un peu, très peu de grains torréfiés, place
soigneusement, par nappes, dans l'alambic ou le
filtre de coton du « marabout », la portion de
mouture, une large pincée de chicorée, la réserve
de marc de la veille, et, avec toute l'application
d'une ménagère, verse lentement et par intervalles, l'eau bien bouillante. Puis, avec un couteau
à longue et large lame, de fabrication belge, il
taille dans la grosse miche ronde de pain blanc,
ou de pain bis, toute une série de tranches qu'il
empile les unes sur les autres. Si les tranches ne
sont pas toujours fines, elles sont au moins bien
découpées. Il range sur la table le nombre de jat-
tes nécessaires; et quand la famille descendra,
elle trouvera la cuisine chauffée, un poêle qui
« ronfle » et, sur la platine, un café prêt, tout fumant. Le matin, ou aux entretemps de la journée, il balaie les salles ou les chambres, épous-
sette les meubles, fait les lits et bat les matelas,
cire ou raccommode les chaussures, casse le bois
nécessaire pour l'allumage, tamise les cendres du
foyer, relave la vaisselle, l'essuie ou la remet en
place. Utilisant des caisses de rebut, qu'on lui a
cédées à l'usine, il construit des tabourets pour
les enfants, confectionne des étagères ou des pla-
cards, érige quelques remises, dans le coin de la
cour ou du jardin. Il se charge des commissions,
des emplettes, surtout des acquisitions qui exi-
gent de grosses dépenses. Au besoin, il s'impo-

sera un déplacement considérable pour obtenir, à prix plus avantageux, les denrées, le linge, les vêtements, les chaussures nécessaires. Et si le linge s'use, si les vêtements se déchirent, si les bas sont troués, il saura coudre, repriser, rapiécer lui-même.

Chaque semaine ou plus souvent s'il est besoin, il lave, fait sécher et blanchir le linge, et lorsque celui-ci a été étiré, plié, repassé, il le répartit bien, aux mêmes endroits, sur les rayons ou dans l'armoire. Les jours où sa femme est occupée par le repassage, ou surchargée, il réclame le tablier à cordon bleu, épluche les légumes qu'il a cueillis dans le jardin, les nettoie, avec ardeur et manches retroussées, dans le seau de tôle galvanisée et, cuisinier entendu, sait, avec autant d'économie que d'art, faire une bonne soupe maigre ou au lard, ou, si c'est un dimanche, un bouillon bien écumé et coloré; bien faire mijoter, sans le brûler, un bon rata et servir à point, et bien chaud, le plat de pois ou de haricots, de choux ou de navets, ou même le gâteau de riz ou de pommes de terre; son grand plaisir, son meilleur succès, sera de préparer à sa façon et avec l'aide d'une longue écuelle en bois, une soupe au lait battu, où il aura mis un peu de riz, ou de farine, quelques tranches de pain et, selon la saison, ou la richesse du garde-manger, une poignée de pruneaux, quelques ronds de pommes ou quelques quartiers de poires, et de le verser bien lié, bien fumant, parfois arrosé d'un peu de cassonnade, en de profondes assiettes : c'est le plat favori de François, et c'est le régal de la famille!

Si une maladie exige des soins particuliers, il se chargera lui-même de la préparation des aliments, ira chercher les médicaments et les donnera aux heures voulues, passera les nuits et, en vue d'obtenir la guérison, s'infligera de dures privations, fera des neuvaines de prières ou accomplira des pèlerinages en l'un ou l'autre des sanctuaires environnants. Sa confiance est toujours récompensée. Si c'est son épouse qui est indisposée, il s'arrangera de façon que la famille ne souffre pas de ce contretemps. Pour trouver le moyen de solder les dépenses supplémentaires, François, le soir de ses journées, à l'époque de la moisson ou de la ducasse, aux périodes d'arrêt de l'usine, ira offrir ses bras aux cultivateurs voisins. Plein autant de fierté que de confiance en Dieu, il ne veut devoir rien aux autres. Une fois pourtant, souffrant lui-même, ayant autour de lui sa femme et quatre de ses enfants malades, à bout de ressources, il est obligé d'accepter une gracieuse avance que lui font de sympathiques voisins. C'est un sacrifice qui coûte trop à son amour-propre et à son cœur. Désormais, il préférera vendre, avec perte, quelque pièce d'habillement ou de mobilier ou, en dernière nécessité, demandera à sa femme, aux enfants, de restreindre pendant quelque temps leur portion de nourriture : lui-même ne prendra qu'un peu de pain et d'eau. Aux jours meilleurs, il travaillera avec d'autant plus d'énergie afin de se constituer, pour les jours moins bons, un fonds de réserve, le moins insuffisant possible.

Epoux, chef de famille attentif aux besoins, aux intérêts matériels du foyer, François a bien plus encore le souci de la formation chrétienne et sérieuse de tous les siens.

Matineux, il veut que ses enfants contractent l'habitude de se lever tôt, à heure fixé, invariable, et immédiatement. Chacun, au saut du lit, doit procéder à sa toilette avec soin, sous peine de devoir recommencer l'opération, s'habiller modestement et promptement, descendre aussitôt, offrir le bonjour, et solliciter une bénédiction; la prière ensuite est dite à genoux en commun, au pied du crucifix, dans la cuisine. Puis la mère préside le déjeûner, verse en chaque jatte le café qu'a préparé son mari, ajoute un peu de lait, le plus que le budget peut le lui permettre, et départit à chacun le lot de tranches de pain, à manger au choix, au sec ou trempé. Nul ne peut partir pour la classe sans avoir absorbé entièrement la portion qui lui a été attribuée.

Avant chaque repas, le plus âgé ou le plus jeune parmi les enfants présents, ou l'un des enfants à tour de rôle, dit à haute voix le « Benedicite »; tous répondent, tournés vers le crucifix, tête découverte, mains jointes et recueillis. Ce devoir accompli, chacun, assis bien à sa place, attend le moment de se servir ou d'être servi. Le menu est toujours mesuré : aux jours de difficulté, il sera restreint; ces jours-là, la portion la plus diminuée sera celle du père. Si le partage est trop difficile à effectuer, ou s'il est quelque enfant souffrant ou fatigué, dont la part a besoin d'être grossie ou avantagée, François ne se comptera pas, ou se fera le plus petit des convives; sa femme entrera en complicité dans ces calculs. Chacun à table doit se tenir en face de son assiette, manger proprement et promptement, dire chaque fois le merci voulu, se montrer prévenant, songer aux autres, plus spécialement à son voisin; les aînés doivent s'occuper des plus jeunes. Et, de l'extrémité de la table, le père, tout en surveillant le mouvement des fourchettes, ou la courbe des appétits, parle du Bon Dieu, de l'usine, interroge sur ce que l'on a fait à la maison ou en classe, s'informe des notes, des places, des récompenses méritées, des appréciations données par les maîtresses ou les maîtres, se renseigne sur le choix des compagnes ou des compagnons de route ou d'école. Le repas est rapide; il s'achève toujours par l'action de grâce récitée autour de la table, en commun et avec recueillement.

La satisfaction, qu'après le dîner, croit pouvoir s'accorder le père, c'est de décrocher de la muraille ou de retirer de sa poche une pipe rouge en terre cuite, bien culottée, de la bourrer lentement, surabondamment, de tabac belge à mince et long fil et à parfum bien accentué, de l'allumer avec un morceau de charbon ou de papier enflammé, et de faire monter en spirales les bouffées qu'il a aspirées. Ne pas fumer est pour François la plus sensible des privations; c'est celle dont il se taxera à l'époque du Carême; pour rendre encore cette mortification plus vive, il voudra porter sur lui une de ses meilleures pipes et sa blague de cuir remplie à pleine mesure de tabac : blague et pipe ne sortiront qu'au premier *Alleluia* à Pâques.

La période de Carême sera du reste pour la famille un temps de pénitence. S'il y a pour tous l'assistance fréquente ou quotidienne à la Messe, aux divers exercices paroissiaux, il y a aussi les sacrifices demandés à table. François use d'une pratique spéciale : bien que n'ayant pris, le matin, qu'une fort légère tranche de pain sec pour déjeûner, il veut, au repas de midi, pour imiter le Sauveur, ne boire que de l'eau, dans laquelle il aura répandu un peu de vinaigre. Les moindres prescriptions relatives au jeûne, à l'abstinence, sont strictement observées par tous. Chacun aura en outre, dans la mesure de l'âge ou des forces, à ajouter quelque mortification particulière. Aux heures de détresse ou lorsqu'on voudra obtenir une grâce plus importante, on recourra à un régime plus sévère de pénitence.

Avant de reprendre son travail de l'après-midi, François s'assure que les enfants ont bien enfermé dans un petit sac, les tranches de pain sec qui doivent composer leur goûter; aux périodes de moindre disette ou pour les santés plus af-

faiblies, il étendra lui-même un peu de beurre
frais ou de graisse bien salée, bien poivrée.

Le soir, avant le souper, surtout durant l'hiver,
le père s'applique à accroître ses connaissances
par la lecture approfondie de certains articles de
journaux ou de revues, de certains tracts, de
brochures; cette lecture appliquée, au retour de
sa journée de travail, lui est un exercice pénible,
mais dont il sait retirer le meilleur profit personnel. Il ne songe pas moins à l'instruction de ses
enfants : il veille à ce que tous fassent bien leurs
devoirs, apprennent consciencieusement leurs leçons; il expliquera lui-même le catéchisme. Aux
plus jeunes, alors qu'ils savent à peine bégayer et
que, assis sur ses genoux, ils caressent ou tortu-
rent sa barbe, il enseigne, en flamand, plus volontiers qu'en français, le « Notre Père » et le « Je
vous salue Marie ».

Lorsque le souper est prêt, lorsque les plus petits ont été portés ou mis dans leurs lits, et dor-
ment, la mère, devenue libre, invite à se mettre à
table. Le repas sera très bref; car si le menu du
midi est déjà fort frugal, celui du soir l'est davantage encore. Puis l'on se met à genoux, sur le
pavé, au pied du crucifix, et le père, prenant en
main le catéchisme, dit lui-même, en entier et à
haute voix, la prière du soir. S'il y a quelque intention particulière à recommander, on ajoutera
un ou plusieurs « Pater » ou « Ave », suivis de
quelques invocations. Les neuvaines succèdent
fréquemment aux neuvaines pour obtenir une

guérison, une conversion, quelque faveur tempo-
relle ou spirituelle, jugée utile au bien du foyer,
de l'usine, de la paroisse, de la ville. Si c'est le
mois de mai ou de juin, on ira s'agenouiller dans
la salle de devant, aux pieds d'un petit autel près
de la muraille, autel que le père a fixé lui-même à
l'aide d'une planchette, et qu'il a décoré d'une
frange de rideau, d'un fonds de papier peint,
d'une statuette ou d'un portrait et de deux chan-
deliers : c'est le produit des tirelires qui doit assurer l'entretien des chandelles, pour l'illumina-
tion; et c'est au plus jeune qu'est confié la fonc-
tion d'allumer ou d'éteindre. Devant l'étagère,
est suspendue en relief une veilleuse en verre et
à l'huile que, pour raison budgétaire et à son
regret, le père a dû acheter petite, bien petite, et
qu'il fera allumer dans les circonstances criti-
ques ou aux heures plus solennelles.

A l'époque de Noël, on se transporte, à une
heure plus tardive, dans cette même salle : au lieu
d'un modeste reposoir, il y aura une Crèche, faite
de bois, avec une toiture de chaume et de givre,
avec des personnages sculptés et coloriés, avec
une étoile à feux empourprés, avec de minces
chandelles de diverses couleurs, dispersées çà et
là, au milieu de touffes de buis, de houx ou de
lierre : c'est la main du père qui, armée d'un ca-
nif et de patience, a tout confectionné et tout disposé.

Au mois d'octobre, maintes fois dans l'année,
et plus tard chaque soir, la prière est complétée

par la récitation entière et en commun du chapelet ou du rosaire. Chacun des enfants, par rang
d'âge, doit, après avoir indiqué le mystère et le
fruit qui y est attaché, prononcer à haute voix la
première partie des « Ave ». La seconde partie est
reprise en chœur par l'assistance : le père, avant
chaque dizaine, énumère les intentions.

La prière du soir ainsi récitée, la journée se
termine. Les enfants disent le bonsoir : le père
donne gravement la bénédiction, non sans rap-
peler la présence de Dieu, de l'Ange Gardien, la
vertu du scapulaire, et tous montent se coucher.
Toute la famille, ainsi que la Famille de Nazareth,
s'abandonne au repos sous la garde du Seigneur.

Ce n'est pas assez de parler fréquemment à
Dieu, le père prend plaisir à parler beaucoup de
Dieu. Il voudrait connaître et expliquer mieux la
doctrine chrétienne; il tient du moins à ce que ses
enfants apprennent et sachent bien leur Cours de
religion : lui-même suivra avec une attention
scrupuleuse les instructions données à l'église en
vue de bien s'en assimiler le fond et d'en rapporter au foyer un résumé aussi complet que possible. Ce dont il a souci surtout, c'est que l'on vive
en union constante avec Dieu; il veillera à ce que
ses enfants se confessent, communient régulièrement, avec piété. Dès qu'ils auront fait leur communion, il les mènera à la Table sainte non seulement chaque mois, chaque premier Vendredi de
mois, mais chaque quinzaine, puis chaque diman-

che, lorsque chaque fête ou une circonstance spéciale se présentera.

Et si parfois l'éloignement, l'heure hâtive de l'atelier ou de l'école crée un obstacle, François, pour ne pas priver ses enfants du bonheur de communier, confectionne pour les convives du Bon Dieu, un petit déjeûner facile à mettre en poche, un morceau de « tablette », quelques « bibelots », ou, lors des plus fortes froidures, quelques centimes, afin de se procurer, en route quelques gouttes de café ou de lait bien chaud.

Il exige qu'en toute occasion, on arrive aux offices exactement, que l'on aille chaque dimanche à la messe, aux Vêpres, muni du chapelet indulgencié, du paroissien à grand format, où l'on pourra trouver le texte complet des leçons et des évangiles du jour, les formules de prières ou l'explication des principales cérémonies liturgiques. Il voudra de plus habituer ses enfants à se rendre à l'église avec recueillement, à faire avec l'eau sainte, un geste large et respectueux, à lire en entier dans leur livre les saints offices, à genoux ou debout; le retour de l'église devra s'effectuer directement et dans une allure recueillie.

Le dimanche est le grand jour, dont on règle toutes les parties uniquement en vue d'honorer bien le bon Dieu. Le père, accompagné des enfants en âge de communier, entend la première messe. Au retour, il s'occupe, avec sa femme, de la toilette des plus jeunes et ceux-ci, avec leur mère, représenteront la famille à la grand'messe. Dans

l'intervalle, le père aura préparé le dîner et la table ; c'est un jour de fête, une nappe bien blanche, sera posée. Lorsque les enfants auront
grandi, le soin de s'occuper des plus jeunes sera
commis aux plus âgés : le père, libre, fera quelques visites et, avant l'heure de la grand'messe,
la famille se dirigera vers l'église au complet, et
en habits soigneusement brossés et entretenus :
le père veut que l'on se présente devant le Bon
Dieu dans la tenue la plus convenable. C'est au
complet, et toujours rangée au même endroit, que
la famille assistera aux Vêpres et à la Bénédiction du Saint-Sacrement. Puis, le père récréera
les siens, jouant ou bavardant, balançant les
« marmots » dans le berceau, ou les faisant dan-
ser sur ses genoux, apprenant ou répétant mille
belles choses sur le Ciel. La soirée s'achèvera par
les réunions d'œuvre. Jamais François ne fré-
quentera le cabaret : une fois cependant, un dimanche matin, il crut pouvoir s'attabler dans un
estaminet, auprès d'une « chaufferette à pipe »,
et se faire servir, au milieu de l'athmosphère fu-
meuse de la salle, non une « chope », ce qu'il ju-
geait trop onéreux, pas même une petit verre de
genièvre ou d'eau-de-vie comme apéritif, mais un
« canon » de bière brune du pays : il se repro-
chera toute sa vie d'avoir cédé à ce qu'il appelait
« un fol caprice ».

Les cérémonies religieuses qui ont lieu le soir
en semaine, ne sont pas moins fidèlement suivies.
Chacun, au retour de l'usine, est invité à fournir

une aide plus active; le souper, avancé ou retardé, est plus rapide : on assistera aux instructions, aux Saluts, on participera à l'exercice du Chemin de la Croix, que François affectionne beaucoup, et l'on reviendra, sans frayer avec d'autres groupes.

Cette causerie avec les siens, François aime à la faire surtout le dimanche, lorsque chacun est plus libre. Entouré de ses enfants, il s'engage alors dans un sentier qui longe les champs ou les prairies, fait admirer au passage la finesse du brin d'herbe, la parure des fleurs, la fécondité des épis, la trame du nid de l'oiseau, la beauté du firmament. Et, interprétant ces spectacles de la nature avec la saveur d'expression de la langue flamande, il essaie de faire comprendre Dieu, combien il est grand et bon pour nous, si bien que nous lui disons « Notre Père », il dit comment nous, ses enfants, nous avons à le remercier chaque jour du pain et des bonnes choses qu'il nous donne, de quelle façon il convient de l'honorer, de l'aimer le plus possible afin de pouvoir, au Ciel, le bénir pendant toute une éternité, à côté des Anges, des Saints, qui nous ont précédé et ont mérité cette récompense. « Garçon, demande-t-il un jour à son fils fort jeune, sais-tu me dire quelle est la vertu la plus agréable au Bon Dieu? » Le fils réfléchit : « Eh bien ! c'est l'obéissance, papa. Comme cela, on est sûr de faire tout ce que le Bon Dieu veut. » — « Moi, mon petit, reprend le père, la vertu que je préfère, c'est l'amour, parce que, avec cette vertu-là, même si le Bon Dieu n'avait rien commandé, je ferais tout pour lui : s'il n'avait pas ordonné de l'aimer, je l'aimerais quand même. »

Parfois il entrecoupera ses promenades de quelque halte prolongée au pied d'un arbre, aux abords d'un fossé : lentement, il retirera de ses poches un paquet, puis deux, puis plusieurs, coupera avec son large couteau de tisseur les ficelles et, à l'admiration des bambins, fera sortir des fruits, de bonnes pommes rouges, de belles tranches de pain bien beurrées, ou imprégnées de confiture ou de cassonade.

Il a grande joie de jouir de ces surprises. D'autres fois, ce sont des coups longuement prémédités et que seule une longue série de privations a pu permettre de réaliser : c'est une montre offerte au fils le soir d'une première communion; des souliers, des vêtements, des coupons d'étoffe, un jour de fête ou la veille d'un anniversaire; c'est même le montant d'un ticket de voyage ou de pèlerinage, glissé dans la poche de tablier de l'une de ses filles, avec ces seuls mots : « Tu désires aller à Lourdes; j'avais économisé depuis un an afin de pouvoir m'inscrire; tu donneras ton nom à la place du mien : tu prieras beaucoup pour nous et un peu pour ton père. »

La maladie, vient-elle visiter le foyer, il a plus de confiance dans le secours de Dieu que dans l'art des hommes. Est-il lui-même atteint par des douleurs violentes, pour lui ce n'est rien. Les autres souffrent? Tout a de l'importance : il augmente ses attentions. Une crise hépatique menace un soir d'emporter sa femme. Sans hésiter, la nuit, il part à pied à Messines, au-delà de la frontière, prie devant le sanctuaire vénéré de la Vierge, le front collé aux barreaux de la grille pour parler le plus près possible à sa « Bonne Mère », fait brûler un cierge et revient à l'aube, confiant et rassuré. Au détour de l'allée qui mène à sa demeure, un de ses enfants lui dit que la maman est guérie et, en l'absence du papa, prépare le café.

Une autre fois, une plaie douloureuse et grandissante préoccupe beaucoup la mère, empêchée d'allaiter son bébé. François, un soir encore, se met en route avec deux amis, franchit les vingt kilomètres qui les séparent d'Ypres, pénètre en une chapelle voisine du beffroi, invoque longuement saint Albert. Il se relève. « Retournons, dit-il à ses compagnons, ma femme est guérie ! » Ils reprennent la direction de Wytschaete, Messines, Ploegsteert. Au seuil de la demeure, ils apprennent que la plaie est cicatrisée, que toutes douleurs ont disparu depuis l'instant où ils ont quitté l'oratoire des « Pères de saint Albert ».

A peine l'épouse remise, quatre de ses enfants sont atteints de la coqueluche ; il se rend à pied à Bailleul, à douze kilomètres environ, fait allumer quatre petits cierges dans la vieille église toute proche du beffroi, prie, les bras en croix, et sort consolé et fortifié. Sa confiance est telle, qu'il retourne directement à l'usine : à midi, il constate qu'il n'y a plus trace de coqueluche.

Une de ses filles, gravement malade, demande l'Extrême-Onction. On est dans la consternation. François garde sa sérénité et fait une neuvaine : sa fille est guérie.

Des amis ont été chargés de l'avertir, à l'atelier, qu'une autre de ses filles est déclarée perdue par le docteur. « Non, ce n'est pas possible, réplique-t-il rudement. » Il redouble ses chemins de croix, jeûne au pain, à l'eau. Un mieux inespéré survient : sa fille est sauvée.

Son seul fils se trouve menacé d'une méningite : le médecin craint une crise mortelle. « Non, mon garçon ne succombera pas, interrompit-il avec brusquerie ». Il monte à sa chambre, prie le crucifix, qu'un jour de fustigation trop vive, il a maculé de son sang. Et descendant, il commande à ses enfants de commencer une neuvaine. La complication redoutée est évitée : le fils se rétablit.

S'il aime ses enfants, il ne souffre pas que son amour dégénère en faiblesse. « On me trouve exigeant, dit-il, que voulez-vous? Je suis avec le Bon Dieu, préoccupé par le devoir et par vous ». Homme de foi, il entend faire de ses enfants des âmes profondément croyantes, énergiques, disciplinées. Il veut qu'au foyer, on cultive la piété, la vertu, que l'on pratique l'obéissance : il exigera entre frère et sœurs l'entente la plus cordiale, qu'on répare sans tarder les fautes commises, que l'on soit prévenant à l'égard d'autrui, que les plus âgés s'intéressent aux plus jeunes; il exigera que

l'on soit exact à l'école, aux réunions, à l'usine;
que l'on respecte la réputation du prochain. Si
l'on s'oublie sur ces points, le front du père se
plisse, le regard se fait sévère, le reproche est vif :
la sanction suit. « Si je vous punis, déclare-t-il,
c'est avec peine : je le fais par devoir. » Si l'oubli a
été plus grave, la leçon est plus rude. Jetant sa
casquette sur une chaise, ou faisant un geste brus-
que sur le coin de la table, le père demande au
coupable de réciter à genoux, les bras en croix,
à haute voix, une dizaine de chapelet. C'est la
grande punition et la dizaine sera recommencée
jusqu'à ce qu'elle soit dite parfaitement. Jamais
il ne voulut recourir aux moyens violents : une
seule fois, en face d'un manquement grave, il lui
arriva de donner une gifle sonore, et de dire, en
tirant du fourneau un charbon enflammé : « J'aimerais mieux voir mourir un de mes enfants que
de le voir infidèle à Dieu et à sa loi. »

Le père se plaît à soutenir les efforts, les vo-
lontés généreuses. A l'une de ses filles, de douze
à treize ans, il dit, au retour de la sainte Table :
« Toi, tu seras religieuse : ne crains rien, je te
permettrai de partir. » Quelques années plus tard,
ce n'est plus une, c'est quatre de ses filles, c'est
un fils, qui revendiquent l'honneur de se consacrer au Bon Dieu. A l'aînée, le jour du départ, il
dira simplement : « Ma fille, fais ton devoir, va
où Dieu t'appelle, ne t'inquiète pas d'autre chose,
va, sauve ton âme. » Et lorsque, peu après, la seconde de ses filles sollicite l'autorisation d'entrer

dans la même Congrégation : « Mon enfant, je veux te conduire moi-même au couvent, je retrouverai là-bas ta sœur aînée, je devrai vous laisser là, et retourner seul à la maison... C'est pour le Bon Dieu, sans quoi, nul au monde ne pourrait vous ravir à mon amour. »

Ce sacrifice se renouvelle encore à deux reprises : la cinquième enfant s'engage chez les religieuses de la Visitation. La suivante, comme ses aînées, prend le voile à Versailles, chez les Sœurs Servantes du Sacré-Cœur. François s'incline avec fierté devant ce partage qu'à lots égaux le Ciel fait avec lui : quatre filles sont appelées au sanctuaire : c'est la part prélevée par Dieu; quatre filles demeurent au foyer : c'est la part commise au père. Il reste un fils sur lequel il compte. A la naissance de ce dernier, il avait dit dans l'église de Saint-Vaast : « Mon Dieu, vous me l'avez donné, je vous l'offre, il est à vous. » Vingt ans après, il avouait au jeune homme, au cours d'une promenade : « Mon garçon, je serais fier d'avoir auprès de moi un fils, pour travailler et m'aider à gagner le pain nécessaire à la famille; mais si le Bon Dieu te veut, fais ce que Dieu demande de toi. » Le Bon Dieu le réclamait : le fils voulut être prêtre !

Dès lors, le père redoubla d'activité : à son unique fils, jour par jour, année par année, il assurera le nécessaire, tout le nécessaire; au foyer, il s'arrange pour que le séminariste soit traité comme un fils privilégié; pour lui, il réservera la meilleure chambre, gardant pour lui-même et sa femme, une chambrette prise sur le grenier. Il apprend à servir la Messe. Là ne se bornent pas ses prévenances : il nourrit pour l'avenir de beaux projets. Un jour, il était déjà étendu sur son lit de souffrances, il appelle son fils, prêt à recevoir l'onction sacerdotale, et, lui désignant un coin dans son bureau : « Tu vois cette cachette, dit-il ; tu trouveras là le fruit de mes économies : j'ai voulu t'offrir ton calice. »

Le fils fut prêtre. Il eut le bonheur de consacrer le précieux sang de Notre-Seigneur dans ce calice, fruit du labeur de son père.

Ce ne fut pas le seul prêtre reçu au foyer de François. Plusieurs années auparavant, avait été accueilli, sons son toit, durant les périodes de vacances, un séminariste momentanément privé de domicile. François s'était plu à lui réserver le meilleur coin, la meilleure place à table, la meilleure part dans les attentions et les gâteries : c'est un fils adopté, privilégié, à qui discrètement l'on donnait l'hospitalité, sans vouloir en recevoir aucun témoignage de reconnaissance. Et lorsque le séminariste fut devenu prêtre, chargé à Armentières d'œuvres et de populations flamandes, le père adoptif de la veille vint aux pieds du nouveau ministre, solliciter deux faveurs : la première de recevoir de ses mains une bénédiction pour sa famille, la seconde de devenir, à partir de cette heure, son modeste auxiliaire dans les œuvres flamandes, son « petit vicaire ».

François vénérait profondément le prêtre. Dès qu'un ecclésiastique pénétrait dans sa demeure, ou consentait à partager le repas familial, c'était une grande joie, un grand honneur pour tous : il eût voulu, ces jours-là, avoir mille choses à offrir, élargir la table, enrichir le menu. Il écoutait, tête découverte, le prêtre parler; les enfants étaient assis en un profond silence; au départ, tous, aux côtés du père, s'agenouillaient sous la main bénissante du représentant de Dieu.

D'autres hôtes, les pauvres, images du Christ, étaient aussi accueilis avec égards et attentions. Un soir, une famille de nomades, composée du père, de la mère et d'un petit garçon, s'arrête et frappe à la porte : ils sont sans ressources, sans gîte pour s'abriter. François les introduit, prélève sur le repas de famille une large part à leur servir, descend un matelas, prépare dans la salle d'entrée une couchette pour la mère et l'enfant, il passe la première partie de la nuit à causer avec le mari, du Bon Dieu et du Ciel; et la seconde partie, à goûter un peu de repos sur une chaise, la tête appuyée sur le rebord de la table. Au point du jour, il apporte tout ce qui est nécessaire pour procéder à la toilette de ses hôtes; prélève sur le déjeûner familial le café, le lait, le pain du déjeûner, et au moment du départ, tire de son porte-monnaie une pièce, qu'il met dans la main de l'enfant. Jamais il ne sut quels étrangers il avait hébergés...

Une matinée de dimanche, on avertit François

qu'un voyageur était étendu sur le bord de la route, tout couvert de poussière, aux traits méconnaissables. François se penche vers l'inconnu, lui lave le visage, le questionne et, apprenant son dénûment, le relève, le ramène à la maison, le fait asseoir auprès du feu, retire de la marmite la tranche de lard qui y mijote (le régal du dimanche!), ajoute une bonne cueillerée de pommes de terre, et offre le tout à l'étranger. Etant bien restauré, François le laisse repartir sans s'informer de son identité, mais non sans avoir brossé ses effets et glissé une pièce blanche dans l'une de ses poches encore valide.

Tel est François, dans l'intimité de la famille; tel il se montre au dehors, à l'atelier, et dans le cadre de ses relations et de ses œuvres de charité.

CHAPITRE V

A l'usine. — L'ouvrier chrétien

Ouvrier, François était ouvrier tisseur dans l'âme; il était et il prétendait être en même temps ouvrier chrétien. Lui, dont les années d'enfance s'étaient écoulées dans le silence de la campagne et au milieu des travaux paisibles de la ferme, se réjouit de vivre maintenant au milieu d'une agglomération industrielle, à population très active, fort dense, fort mobile. Il lui est agréable d'entendre, plusieurs fois le jour, retentir la cloche, le sifflet ou la sirène d'appel; il aime le matin, alors que la brume se dissipe sous les premiers rayons du soleil et qu'il a quelque répit, à contempler, par delà les prairies verdoyantes qui avoisinent sa *demeure*, ces hautes cheminées rondes, toutes de briques, qui s'étagent le long de la Lys et d'où s'échappent des flots de fumée noire; la pipe à la bouche, l'épaule droite appuyée contre le chambranle de la porte, il aime aussi à promener un long regard sur ces groupes grandissants de toitu-

res à pannes rouges et à larges baies vitrées, les
unes plus basses, les autres plus élevées, taillées
la plupart en arête et à forme de dents de scie.
Et en ses sorties, il prend plaisir à connaître les
blanchisseries, les tissages, les filatures de lin,
de chanvre, de jute, de coton, à frôler leur con-
tour, leurs murailles uniformes et sévères, à con-
sidérer ces longues avenues couvertes de cendre,
bordées de câbles, de tuyaux ou de rails, qui mènent de la rue à l'intérieur des ateliers, par où
s'engouffrent plusieurs fois le jour tant de travailleurs, comme lui, tant de travailleuses, par où
passent tant de camions chargés de balles, de paquets de fils, de pièces de toiles écrues ou cré-
mées. Il s'intéresse à toute l'organisation inté-
rieure, à toutes les parties de l'usine, à la salle
des machines, avec son type de moteur vertical
ou horizontal, et son groupe de générateurs; aux
procédés de filage à sec ou au mouillé, aux mo-
des divers de peignage ou de cardage, d'étirage ou
de dévidage, de crémage ou de séchage, comme
aux travaux de bobinage, d'ourdissage, d'encol-
lage, de cannetage, de tissage ou de tordage.

Il lui est doux de longer ces prairies où sont
étalées les longues bandes de toile destinées à
être blanchies et d'où s'exhale un parfum spécial;
il côtoie avec satisfaction les bords ou les quais
de la Lys, où stationnent, où circulent tant de bé-
landres chargées de charbon. Il aime surtout à
fréquenter ces ruelles qui s'enchevêtrent les unes
dans les autres, toutes semblablement formées de

maisonnettes en briques rouges, à un seul étage
et à toitures de pannes. Là, aux heures de la ces-
sation ou de la reprise du travail, se produit un
chassé-croisé intense; dans la journée, le silence
n'est guère troublé que par le bruit des bidons de
la porteuse de lait, le chant du maraîcher, du
charbonnier, de la vendeuse de harengs frais, le
coup de sifflet ou de fouet du fournisseur de lait
battu, le cri des enfants qui jouent, le roulement
sourd des camions ou des calandres d'usine. Le
dimanche, le samedi et le lundi soir, à l'angle des
carrefours, François saluera toujours d'un geste
complaisant le marchand de pommes de terre
frites, assis, en tablier blanc, en sa voiturette
peinte et tendue de rideaux, devant son couet de
friture, attendant, l'écumoire et le cornet de papier à la main, de servir au client de passage une
ou deux portions, qu'il saupoudrera copieusement de sel. Il saluera non moins sympathiquement, la marchande de gaufres assise, elle aussi,
près de son fourneau à cheminée de tôle, et de
ses rouleaux de pâte, et prête à manier poële,
platine ou gaufrier, pour façonner, au choix, de
minces crêpes qu'elle roulera avec beaucoup d'art,
en les saupoudrant d'un peu de sucre, gaufres
molles et croquantes, bien quadrillées, fourrées
ou non, à la mélasse ou à la cassonade. C'est quelques-unes de ces gaufres ou de ces crêpes, c'est
quelques-uns de ces cornets de pommes frites,
que le tisseur, en passant, achètera parfois pour
les rapporter, en guise de récompense, à ses enfants.

Ce milieu, ce genre, ce mouvement de vie industrielle lui plaît; mais ce qui renferme le meilleur charme à ses yeux, provoque chez lui une vraie sensation de jouissance, c'est la perspective d'une longue et large salle d'atelier, où se profilent de nombreuses lignes de métiers à tisser, reliés aux arbres de transmission par de fortes courroies de cuir; c'est plus spécialement la vue d'un métier bien monté, bien entretenu; et c'est, au-dessus de tout, le spectacle, le battement de son propre métier.

Comme il a hâte, après chaque arrêt, de le rejoindre, ce cher métier à tisser, ce métier qui lui a été confié, et de le mettre en marche, en manœuvrant, d'un coup sec et sûr, la poignée de déclenche. Avec quelle attention il suit le jeu des lames, des excentriques, du peigne, du battant, des chasses, des fouets, des freins, des engrenages! Avec quelle dextérité il saisit et renoue le fil brisé, ou remplace en la navette la canette dévidée! Avec quel soin il contrôle à l'aide de son compte-fils, de son quart-de-pouce, le nombre de duites, la croisure des fils, la contexture du tissu! Les dérangements sont chose rare, les accidents, chose inconnue à son métier : il prévoit tout. L'ensouple de chaîne tend-elle trop, ou trop peu, les foules ne sont-elles pas bien franches, le pas n'est-il pas bien constitué à son gré, la régularité de la laize n'est-elle plus suffisamment assurée, la navette ne court-elle plus assez librement entre les nappes de fils ou menace-t-elle de rester coincée dans le taquet, le temple est-il mal assujetti, le casse-trame est-il un peu paresseux, les poulies grincent-elles, les courroies ont-elles un peu de frottement? vite, il a remarqué le défaut, s'est emparé de ses clefs, de sa burette et a remis tout au point.

Il entretient et nettoie son métier comme si c'était sa chose propre; toutes les pièces sont reluisantes; nulle part il n'y a le moindre flocon de duvet ou d'étoupe.

Et pendant que la machine tourne, François ne perd pas une minute. De cinq heures et demie ou de six heures du matin à midi; de une heure à sept heures et demie du soir, il sera debout, constamment en éveil, devant la poitrinière de son métier, épiant le moindre contre-mouvement d'organe ou de tissu. A huit heures, le matin, lors de la demi-heure accordée pour le déjeûner, il rentre à la maison ou séjourne dans la cour de l'usine, lisant son journal, conversant avec l'un ou l'autre, ou se dirige vers l'église voisine. L'après-midi, il la passera entière auprès de son métier et sans prendre aucune nourriture. François est connu excellent tisseur : que ce soit du « bon travail » ou du travail moins favorable, il parviendra, à la fin de la semaine, à obtenir un salaire au-dessus de la moyenne : c'est ce salaire que, chaque samedi soir, avec autant de joie que de fierté, il s'empressera de remettre à son épouse.

Il est tisseur, mais il est tisseur chrétien. Une journée, pour lui, ne peut être une « bonne jour-

née », que si elle est commencée aux pieds du
Bon Dieu. Dans les premières années, trop absorbé par les travaux du ménage, il ne peut aller
à l'église le matin qu'irrégulièrement, de temps
en temps, trop rarement à son gré, et « en vi-
tesse », comme il dit. Ce régime ne saurait le satisfaire. Bientôt, il aura modifié son horaire et
ses occupations du matin, de façon à pouvoir s'assurer chaque jour et de façon régulière, fût-ce au
détriment de son sommeil, un temps suffisant
pour aller à l'église, consulter et recevoir son
Dieu, et entendre la sainte messe. Il appelle cela
aller « ouvrer » avec le Bon Dieu et pour le Bon
Dieu, avant d'aller « ouvrer » sur son métier et
pour soi. « Le Bon Dieu, avance-t-il, ne donne
jamais de mauvais ouvrage à celui qui « ouvre »
bien pour lui. »

Il tisse si bien, et tant de projets, avec le Bon
Dieu, qu'il prolonge parfois, et mène ses visites,
au-delà de l'heure qu'il s'est normalement fixée.
N'ayant plus alors le temps suffisant pour retourner chez lui, prendre un peu de nourriture ou de
boisson, il part directement à son travail. L'une
de ses filles viendra, au moment de l'ouverture
des ateliers, lui apporter un peu de café noir. Et
lui, toujours bien avant l'heure, sera là, à la
porte de l'usine, stationnant, appuyé contre la
muraille ou parfois, mais bien rarement, assis sur
le rebord du trottoir; il regarde arriver de toutes
directions, et s'aligner autour de lui, ouvriers et
ouvrières, ouvriers en casquettes, en gilets, et à

tabliers de grosse toile bleue, en sabots ou en es-
padrilles; ouvrières en cheveux, le fichu relevé
sur la tête et le tablier de cotonnette à la taille, la
plupart en sabots plats, tenus par de larges laniè-
res de cuir; ouvriers et ouvrières de tous âges,
de toutes catégories. Tous portent à la main, en
poche ou sous le bras la petite « mallette » en
toile grise ou rayée où sont renfermées les « tartines » du déjeuner, et la « gamelle » en émaillé,
à ventre et à couvercle bombés, qui contient le
café. Tous, quelque soit leur opinion, sont, aux
yeux de François, des travailleurs; ce sont des
amis, il les salue. Il est loin, surtout au début, de
recevoir autant de marques de sympathie qu'il en
témoigne; on se montre défiant vis-à-vis de ce
compagnon au regard droit et pénétrant, à la longue barbe noire et peu taillée, qui va si souvent à
l'église, qui commence et achève son travail par
un signe de croix, qui a placé ostensiblement sur
la couronne de son métier un crucifix, des images
du Sacré-Cœur, de la Sainte Vierge, qui égrène
son chapelet dans la salle d'atelier ou à travers
les rues, qui salue si respectueusement ses patrons et ses chefs, qui se découvre de loin à l'approche d'un prêtre ou d'une religieuse.

Un jour que les ouvriers et ouvrières, en grand
nombre, attendent à la porte de l'usine, les uns
causant en groupes, les autres assis à terre le long
de la muraille, une petite clochette retentit au détour de la rue : un prêtre apparaît, porteur du
saint Viatique; il va passer devant le tissage. Sans

hésiter, et bien à l'avance, François enlève sa casquette, se prosterne à genoux, incline profondément la tête. Il se relève : autour de lui, à la défiance a succédé la raillerie. François est prêt à répondre au premier provocateur; il a peine à réprimer sa langue, son geste; nul ne lui parle. Certains autres apprennent à l'apprécier, éprouvent pour lui un sentiment d'admiration, de sympathie. Ce sont ses amis. A l'un de ceux-ci, François redira : « Dieu a tant souffert, on s'est tant moqué de Lui : n'est-il pas juste que je souffre un peu pour Lui, que je connaisse un peu la dérision? »

Ces insultes faites à sa foi, lui causent une blessure vive. François ne persiste pas moins à se montrer aimable envers tous, plus affable même envers ceux qui lui montrent moins de sympathie. On le jugera hypocrite et flatteur, on le laissera à l'écart, l'appelant « la barbe de Judas »; on l'accusera de malmener son épouse, ses enfants; on lui fera le reproche d'être « calotin », « cagot », d'être « l'homme des curés, des patrons ». Influencés par ces insinuations, ses chefs se montreront parfois à son égard froids, rudes, rien moins qu'empressés. Un jour, on écrit à la craie, sur l'une des portes de la cour d'atelier : « Ce soir, vous serez tué! » Il ajoute : « Venez, je suis prêt! » On inscrit une autre fois un blasphème, accompagné de nouvelles menaces : il trace au-dessous : « Et moi, je donnerai ma vie pour expier ce crime. » En une autre circonstance, il sort un couteau-poignard, et le présentant au blasphémateur : « Tiens, j'aime mieux que tu m'enfonces cela dans les entrailles ! » Le blasphémateur se tut et ne jura plus. On lui lance l'épithète de « Jésus-Christ », il réplique : « Oui, je veux imiter Jésus-Christ ». On lui adresse des lettres anonymes, le menaçant de mort ; il les conserve, les lit à la table de famille, disant avec calme et le sourire aux lèvres : « Soyez bien tranquilles, mes enfants, rien n'arrive sans la permission de Dieu ». Et montrant le Crucifix : « Faisons tout pour l'amour et la plus grande gloire de Dieu ; le reste ne compte pas ; ce n'est que vanité et néant. »

Amené à changer d'atelier une première, une deuxième fois, il émigre à Armentières ; il s'en vient habiter une demeure moins éloignée de l'église, proche de la Lys, voisine de l'usine. C'est là que désormais s'écouleront les années de son existence. C'est là que, mieux encore, il se révélera et s'affirmera ouvrier pleinement chrétien. Il sera, au témoignage de tous, l'homme de devoir, animé de bon esprit. Son zèle, sa droiture, sa franchise, son opiniâtreté triompheront de tous les obstacles et de toutes les préventions.

Tisseur plus expérimenté, il conduit maintenant deux métiers. On le verra, durant plus de trente-sept ans, franchir la porte de cette usine, suivre l'allée qui longe les bureaux et les machines, pénétrer tête haute dans la grande salle où battait d'abord de deux à deux cent cinquante métiers et bientôt de trois à quatre cents, pour se diriger directement vers ses métiers, et là, après avoir lentement et en présence de tous, fait le signe de la croix, se mettre aussitôt au travail. Sur les mêmes métiers, il voudra ouvrer toujours, ou y exercer ses enfants. Il refusera même, pour ne pas s'en séparer, d'autres emplois supérieurs, comme l'emploi de contremaître ou de receveur : il propose d'autres camarades à sa place ; lui, il veut rester tisseur, avant tout, tisseur à l'esprit surnaturel : sa première, sa grande pensée est pour Dieu. Fréquemment il renouvelle à Dieu l'offrande de son travail ; chaque jour, il fait une méditation sur les souffrances ou la Passion du Christ, récite le chapelet, fait le chemin de la croix en face d'un petit crucifix de métal appendu au bâti d'un de ses deux métiers. C'est ce même crucifix qu'il décrochera le Vendredi-Saint, à trois heures, pour le baiser et le vénérer.

François est un tisseur toujours disposé à rendre service, fût-ce même quand il se met plus en colloque avec Dieu. S'agit-il de monter ou démonter un rouleau, de poser une chaîne, une garniture, il est là pour fournir le coup de main nécessaire. Est-ce une pièce de mécanique qui a besoin d'une mise au point, aussitôt il a pris ses clefs, découvert le défaut, corrigé le mal. Lui demande-t-on un renseignement, un avis, réclame-t-on un concours, il le donne avec la meilleure cordialité. « C'était un ouvrier très courageux, disait un de ses premiers amis d'atelier, toujours prêt à se rendre utile; c'était un très bon camarade, faisant tout pour les autres, donnant tout aux autres. »

Un père de famille lui confie qu'il voudrait trouver pour son fils de treize ans un petit emploi à l'usine. François s'offre à le prendre comme apprenti et, dès la première semaine, détache dix francs du montant de sa paie et les lui remet.

Sa serviabilité, son initiative et sa compétence l'ont désigné à l'attention de ses patrons; il est invité à faire partie d'une commission mixte, chaque mois; il accepte, et défend avec autant de justice que d'ardeur la cause des uns et des autres; il a le langage net et franc, propose hardiment les solutions qu'il croit légitimes et opportunes : « Tu n'as pas le droit de faire cela », déclare-t-il à l'un. « Il faudrait faire ceci ou cela », répond-il à ses consultants. Il intervient avantageusement dans quelques conflits. « Je ne connais pas d'ouvrier, répètera un de ceux qui le fréquentaient, qui fut plus que lui défenseur de la justice et respectueux de ses patrons; il savait en défendre la réputation et les intérêts; il n'avait pas moins de franchise à défendre ses camarades! » — « Je l'aime, avouait un autre qui n'était pas de ses amis, parce qu'il dit toujours la vérité, qu'on soit content ou non. »

Il n'use de sa charge que pour avantager le plus possible les autres. Un soir, à peine de retour chez lui, il entend frapper à la porte; il ouvre : c'est un homme âgé, sans travail, qui vou-

drait bien être occupé. Dans plusieurs usines,
François lui cherche des occupations : nulle ne
convient. Il parvient à placer celui dont il connaît
à peine le nom, comme jardinier dans un établissement charitable de la ville.

François intervient fréquemment en faveur de
ses camarades. Ayant appris que certains le soup-
çonnent d'être intéressé et partial, à l'étonnement
et en dépit des instances de tous, il demande à
être relevé de ses fonctions.

Se croyant mieux à l'abri de tout soupçon et
plus libre de ses mouvements, François invite tantôt l'un, tantôt l'autre de ses compagnons d'usine
à venir chez lui lors de la demi-heure du déjeûner. On cause, on discute, on raisonne; celui qui
était entré ennemi, ou indifférent, sort ébranlé;
demain, il sera conquis : ce sera un militant de
plus au service des bonnes œuvres.

On tente des efforts répétés auprès de François
pour l'attirer en certaines réunions : il ne répond
à nulle de ces avances.

François, sur qui ne pèse plus sa charge de
Commissaire, voudrait tenir une position tout à
fait effacée; on continue néanmoins à le choisir
comme conseiller, comme arbitre privé. Des mé-
contentements s'élèvent-ils parmi les tisseurs, les
pareurs, les encolleurs, on lui porte, on lui sou-
met les griefs : il les écoute, les étudie et exprime
sa pensée, qu'elle soit favorable ou non aux parties consultantes; maintes fois, et à l'insu des
patrons, des conflits sont apaisés et des menaces

de grèves conjurées. Jamais François ne voudra écrire le blâme ou le reproche qu'il se croit en devoir de formuler.

Remarquant un jour un tisserand qui s'apprête à raccommoder les chaussures de ses enfants avec des taquets neufs : « Tiens, dit-il en déposant une pièce d'argent entre les mains du savetier improvisé, tu remettras ces taquets à leur place : voilà de quoi acheter du cuir. »

Une autre fois, entendant une mère de famille répondre à ses enfants qu'elle n'a plus de lait, plus de pain, il franchit le seuil de la demeure, remet dans la main dé l'un des enfants une poignée de gros sous et disparaît. Quelques instants après, la famille avait du lait et des miches de pain. Par contre, il ne cache pas sa joie lorsque, passant le long des portes ou des fenêtres entr'ouvertes, il aperçoit au foyer, sur la table, plus d'aisance que chez lui-même : le bonheur des autres le réjouit plus que son propre bonheur.

La chance lui échoit de gagner un billet de voyage pour Paris. Il a depuis longtemps caressé le projet d'aller à Montmartre, passer une nuit d'adoration aux pieds du Saint Sacrement ; il ne peut s'empêcher de sourire à cette bonne fortune et de la bénir. En causant avec un autre tisserand, il surprend en lui le même désir d'aller prier le Sacré-Cœur en la basilique du Vœu National. François retient son interlocuteur et, lui mettant dans la main le ticket de voyage gagné : « L'ami, dit-il, voilà pour aller à Montmartre. » L'inconnu de ce jour devint l'ami de toujours.

Il a encore le grand bonheur de se voir attribuer un billet pour Rome : il est chargé de représenter auprès du grand Pontife Léon XIII, dans le pèlerinage de la « France du travail », les « Travailleurs d'Armentières ». Il se recueille à cette nouvelle et, relevant la tête : « Je vous remercie profondément, dit-il; permettez-moi d'exprimer un désir : je connais un brave ouvrier à qui cet honneur convient mieux qu'à moi. Voudriez-vous lui faire parvenir ce billet? » Et de sa bourse, il ajoute vingt-cinq francs de supplément. Il ne désespère pas pour cela d'aller à Rome. Dès ce jour, François ne cesse d'économiser pour aller voir le Saint-Père, mais à ses frais.

Il avait lu et médité la parole et les encycliques du grand Pontife : il voulait propager cette belle doctrine parmi ses compagnons de travail. De plus, ayant remarqué qu'en beaucoup de mains circulait une « presse » rien moins que saine, il prit la résolution de la remplacer par une « presse » honnête et chrétienne. « La Croix », avec son crucifix, « Le Pèlerin », avec son frontispice de saint Pierre, lui plaisent. Sans tarder, il entre en campagne auprès de ses compagnons d'atelier : à chacun et à des reprises successives, il offre et le journal et la petite revue. On accepte, on diffère, on refuse, on plaisante, on insulte : François compte les adhérents, non les refus, subit toutes les humiliations, et revient à la charge.

Bientôt, le journal est répandu : les lecteurs sont nombreux, très nombreux; chaque matin, avant le temps du déjeûner, François, à chaque métier, dépose le numéro de « La Croix »; chaque semaine, il apporte le numéro du « Pèlerin », et, après le travail, il recueille le montant de l'abonnement. Pendant plus de quinze ans, « Croix » et « Pèlerin » seront ainsi, par ses soins, distribués chaque jour à tout le personnel. Dieu seul en connaît le nombre.

Il peut alors donner libre cours à son zèle; d'autres œuvres peuvent être entreprises, au sein même de l'usine. Des Associations, des Sociétés de Secours, des Groupements professionnels sont constitués, sous la protection de Dieu et avec l'aide du prêtre; François fait partie de toutes les œuvres. Souvent il en est le pivot invisible : l'âme qui anime tout, prévoit tout, organise tout, perfectionne tout; le pivot discret, caché, insoupçonné. Le premier Vendredi de chaque mois, une messe est dite en la chapelle de l'usine. François y est assidu; il se tient toujours au dernier rang.

François affectionne les retraites spirituelles : c'est là que l'ouvrier chrétien apprendra l'art de se faire apôtre, pour l'amour de Dieu et des âmes.

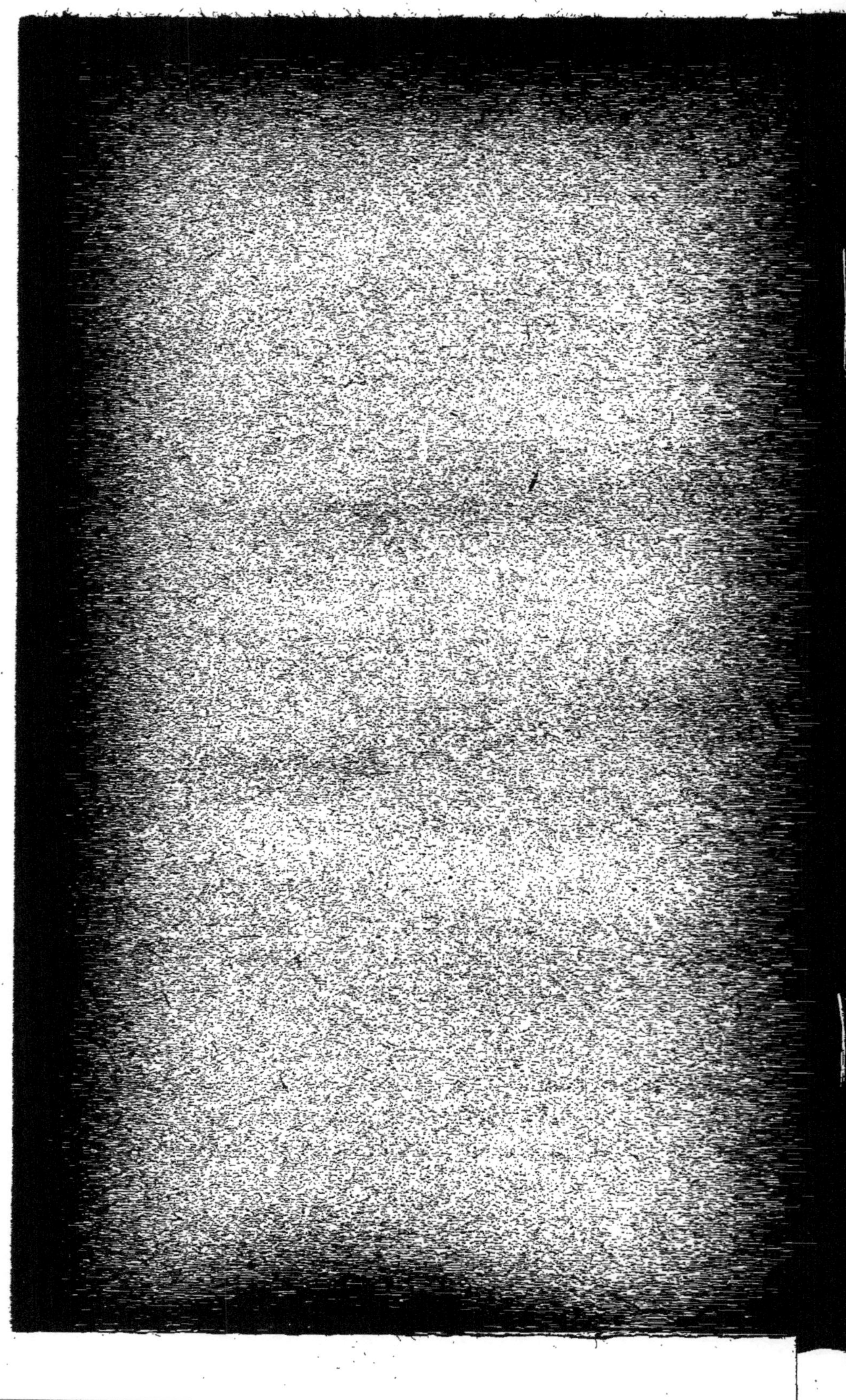

CHAPITRE VI

—

Dans les œuvres. — L'apôtre

—

C'est au cours de l'une de ses retraites données d'abord au Château-Blanc, puis à Mouvaux, qu'il a tracé ce qu'il appelait sa « règle de vie ». En tête de ce règlement, figure la formule si chère qu'il inscrira toujours au commencement de ses lettres, qu'il se redira et répètera sans cesse aux autres :

« LOUÉ SOIT JÉSUS-CHRIST A JAMAIS. »

Puis, d'une main ferme et d'une allure qui sent la langue d'origine, il prend les résolutions suivantes :

Règlement de Vie.

« La matin, aussitôt le réveil (5 h. ou 5 h. $\frac{1}{2}$), je fais le signe de la croix, je récite cette prière : « Divin Cœur de Jésus, je vous offre par le Cœur « Immaculé de Marie mes pensées, mes paroles,

« mes actions, mon travail durant ce jour et pen-
« dant toute ma vie. »

« Je m'arrangerai un peu. Je descends pour
préparer le café et ce qui est nécessaire pour ma
femme, mes enfants et pour moi, pour me rendre
au travail de fabrique.

« Pendant ce temps, les enfants descendent et
nous récitons ensemble la prière du matin; les
enfants demandent la bénédiction et tous nous
partons au travail.

« Arrivé au travail, je fais un grand signe de
croix et je dis : « Mon Dieu, tout ce travail de
« cette journée est pour votre amour, pour le sa-
« lut de tous les ouvriers de cette usine et parti-
« culièrement pour les autorités, pour ceux qui
« me persécutent, qui m'insultent ou m'ont in-
« sulté, pour toutes les pauvres âmes du Purga-
« toire. Je résume tout en cette parole : « Tout
« pour la gloire de Dieu. »

« Pendant la journée, je récite beaucoup de
prières, à différentes intentions.

« Le soir, je soupe vers huit heures; après,
nous causons en famille; puis nous récitons la
prière du soir et le chapelet; les enfants demandent la bénédiction et nous voilà partis coucher
dans notre petit lit.

« Le dimanche, autant que possible, deux messes; communion toutes les semaines, parfois deux
fois la semaine; chemin de croix toutes les semaines.

« Jamais je ne prends mes amusements dans

les estaminets, toujours au Cercle Catholique. Je visite les pauvres toute la matinée du dimanche.

« Pour mon corps, je prends la moindre nourriture que je puisse prendre pour rester en bonne santé. »

*
* *

Ce règlement était un règlement de début; il fut vite étendu; certains points furent redressés.

Il était précédé de ces quelques lignes : « Je suis fait pour l'éternité... Je voudrais y penser plus souvent, plus énergiquement. Mon bon Ange Gardien, aidez-moi à méditer sur ce « toujours », « jamais », sur cette pensée : « Nous n'avons « qu'une âme à sauver, qu'un temps à longueur « incertaine pour assurer le salut de cette âme, « et c'est pour toujours : notre âme est immor- « telle. »

Et il était suivi de ces autres lignes : « Mon Dieu, je demande pardon pour tous mes péchés, je vous demande pardon pour tous les torts que je puis avoir envers les miens ou à l'égard du prochain. »

« Je demande pardon pour tous ceux qui pourraient avoir quelque chose contre moi : moi, je leur pardonne de bon cœur, et particulièrement à celui qui veut ma mort. »

« Tout pour la plus grande gloire de Dieu. »

Esprit de recueillement et d'union à Dieu.

« Tout pour la plus grande gloire de Dieu »,
telle est la devise de François; « le salut éternel »,
telle est la pensée qui le préoccupe. Comme l'une
de ses filles, avant de se rendre à la leçon d'ouvrage, le prie de lui indiquer quelque texte à reproduire au coton rouge sur son canevas : « Mon
enfant, brode ces mots : Loué soit Jésus-Christ à
jamais; et ajoute ceux-ci : Une seule chose est nécessaire, le salut de notre âme : tout le reste n'est
que vanité. »

C'est pour assurer le salut de son âme qu'il
tient chaque année à accomplir sa retraite spirituelle. La solitude du Mont-des-Cats l'attira
d'abord : un soir, après son travail, il fit savoir
qu'il ne rentrerait pas à la maison. Le lendemain
un courrier apporte ces simples phrases : « Je
suis en retraite chez les Pères Trappistes de l'abbaye de Sainte-Marie-du-Mont, à Godewaersvelde,
près de Bailleul. J'aurais peut-être mieux fait de
vivre hors du monde, mais je sais que le Bon Dieu
a bien fait toutes choses. » Rentré, il cherche un
autre lieu de retraite; on lui désigne dans les environs de Croix, un ermitage situé le long d'un
canal tranquille, entouré de bois, isolé de toute
agglomération : c'est le « Château-Blanc ». Il
vient s'enfermer là du 18 au 20 avril 1887, s'asseoir à la table des retraitants; un de ses proches voisins fut M. Philibert Vrau. Les Exercices

répondent à ses besoins; l'oratoire lui plaît, le lieu lui convient : il en deviendra l'un des clients les plus fidèles. La maison de Mouvaux, « Notre-Dame-du-Hautmont », lui plaira si bien, qu'il voudra toujours emmener avec lui, chaque année, un bon nombre de ses camarades; il sera soldat, caporal et sergent-recruteur.

Entraînés par lui à l'effet, comme propose le sergent, de « passer la revue avec le Bon Dieu », des ouvriers de toute profession, de l'industrie textile Armentiéroise, sacrifient les congés de Pâques ou de la Pentecôte et de la ducasse et prélèvent la somme nécessaire pour leurs frais de voyage et de séjour. Certains même, vont jusqu'à s'imposer une cotisation hebdomadaire de deux ou trois francs, afin de permettre à de moins fortunés qu'eux de les accompagner. Et François, qui a prévu tous les détails de l'organisation matérielle, est tout joyeux de conduire à Notre-Dame-du-Hautmont la délégation de plus en plus grossie qu'il amène d'Armentières et des environs; le guide est pour tous plein de prévenances et d'entrain. Mais du moment où le Salut d'ouverture a été donné, François est tout entier à la retraite. Aux heures de détente et de récréation, reparaît le François gai et enjoué du voyage; mais dès que la cloche a commandé le silence, on le voit longer d'une façon recueillie les longs corridors à voûtes ogivales qui mènent à la chapelle, ou à la chambre du prédicateur; on le voit, au fond de la tribune ou de la nef, courbé dans une profonde contemplation en face du Saint Sacrement; on le voit encore suivre avec émotion les stations du Chemin de la Croix, ou réciter le chapelet en quelque coin écarté du parc; en dehors de ce temps, il est dans sa chambrette, prosterné sur le plancher, méditant sur les vérités qu'il vient d'entendre. Il est d'une régularité parfaite pour se rendre aux diverses instructions de la journée. Lorsqu'arrive le jour de clôture, lorsque, dans la blanche chapelle aux vitraux coloriés, sur l'autel de marbre tout étincelant de lumières, sous les regards du Sacré-Cœur et de la Sainte Vierge, est célébrée la messe de communion et d'action de grâce, son cœur est à la joie : « Je suis heureux ici, redit-il chaque fois; je voudrais y rester ». Son désir est si grand de dépenser mieux encore sa vie « pour la plus grande gloire de Dieu », qu'il ajoutera : « Je n'ose plus promettre de revenir; chaque fois que je reviens, je ne sais plus me décider à repartir; et quand je suis rentré chez moi, je voudrais bouleverser tout le programme de mes journées pour pouvoir faire davantage pour le Bon Dieu. » « Parmi les milliers d'ouvriers que j'y ai vu passer, déclara un des Directeurs de ses retraites, c'est l'ouvrier dont la foi, la piété, le zèle des œuvres m'a le plus frappé et édifié. C'était un apôtre, une flamme, un entraîneur vers le bien. »

C'est cet esprit de foi, de piété, de zèle, de patience et d'abnégation que François prendra soin d'entretenir dans des récollections fréquentes et régulières, et dans les retraites mensuelles de sa paroisse.

La récollection mensuelle est pour lui une prolongation de la retraite annuelle; il y est toujours présent bien à l'avance, en la vaste chapelle des Cercles catholiques; il assiste à la messe, écoute pieusement l'instruction faite par l'aumônier des Œuvres, ou le religieux mandé pour la circonstance; communie l'un des premiers, veille à ce que le déjeûner, un déjeûner habituellement composé de café au lait copieusement sucré, et de petits pains chauds et bien croustillants, soit rapidement servi en l'une des salles attenantes; que rien surtout ne retarde la Conférence qui doit suivre. Il ne voudrait priver personne du bonheur de participer à la grand'messe paroissiale.

Il se fait là encore le pourvoyeur des retraites. « Sa vue, dira l'un des co-retraitants, était pour tous un sermon, et quel sermon! »

Esprit de piété.

Cet esprit de recueillement et de piété si frappant, François le porte partout, mais surtout en la maison de Dieu. Il se tient là, dans l'une des dernières rangées de la nef, sous la tribune, auprès d'un pilier. Pressé d'accourir chaque jour de très bonne heure, au point parfois de rencontrer les portes fermées et de devoir attendre sur les marches du péristyle, il va rejoindre sa place préférée et debout, le regard fixé sur le Tabernacle,

il reste immobile. Puis il s'avance, traverse lentement l'église, va recevoir l'Hostie sainte, revient le front fortement incliné, les mains jointes
ou les bras croisés, remuant les lèvres comme s'il
parlait à quelqu'un : il demeure profondément
prosterné. Quelle qu'ait été la fatigue de la veille,
il sera exact à ce rendez-vous. « Comment rester
couché, répond-il à ceux qui lui conseillent de se
reposer, lorsque nous avons devant les yeux un
Dieu tout couvert de plaies et suspendu à une
Croix par amour pour nous? Mon Jésus m'appelle. J'ai besoin de mon Jésus, je brûle du désir d'aller à mon Jésus. » Il se lèvera souvent à
3 h. ½, à 4 heures du matin, pour pouvoir s'accorder à lui-même ou ménager à sa famille le bien-
fait de la communion; s'il faut aller chercher un
ami pour le mener se confesser, l'entraîner à la
sainte Table, il se lèvera encore plus tôt. « Tant
que le Bon Dieu me laisse sur la terre, dit-il, je
dois travailler pour Lui; au Ciel, je me repose-
rai. » Au retour de la communion et de l'église, il
aime à parler du Bon Dieu : sa parole revêt alors
une coloration et une force de persuasion plus
vives.

Pendant une rigoureuse période d'hiver, il
croise pendant plusieurs jours consécutifs un autre ouvrier qui, comme lui, vient de très bonne
heure pour communier : ils se surprennent attendant tous deux à la porte de l'église, le chapelet à la main. A la sortie, ils s'accostent; apprenant que son compagnon, pour obtenir une

grande grâce, a entrepris une neuvaine de communions, notre François parle avec tant de cha-
leur des fruits de la communion quotidienne, des
avantages divers qu'elle offre à tout chrétien d'accroître la foi, d'écarter la tentation, de préserver
du péché mortel, de guérir les fautes vénielles,
qu'il détermine le convive de circonstance, à se
faire convive quotidien et fervent de l'Eucharistie.

Non seulement le matin, mais aux heures libres du soir, François vient saluer Jésus-Eucha-
ristie. Au cours de voyages, ou de sorties, ou de
promenades, il tiendra toujours à entrer en toute
église où il passera. « Comment, gémissait-il
un soir, dire que le Bon Dieu est là, dans le Tabernacle pour nous, parce qu'il nous aime tant ! Et
nous n'y pensons pas ! Nous passons et repassons,
indifférents !... » François entre fréquemment
dans le sanctuaire désert ; il va se placer au milieu de la nef : il reste parfois de longues heures ; il regarde, il paraît causer. Et lorsqu'aux
jours de solennité ou de supplication, Jésus-Hos-
tie est sorti de son tabernacle et exposé sur l'autel ;
lorsqu'aux jours de festivité extraordinaire, le bel
ostensoir d'or est porté à travers les rues et sur les
places de la cité, François réclame l'honneur
d'être l'un des premiers adorateurs, des céroférai-
res, ou des porte-fanion ou porte-dais. Ces jours-
là, il a revêtu son plus beau costume, sa plus
belle cravate blanche et prend son maintien le
plus grave. Lors de la fête de l'Adoration perpé-

tuelle et réparatrice de la paroisse, il revendiquera le privilège de veiller son Dieu entre deux et quatre heures du matin; il sera parfois de faction la nuit entière. Il participe à toutes les adorations nocturnes établies dans l'une ou l'autre des paroisses de la ville. A ceux qui croient pouvoir représenter l'imprudence qu'il commet en sortant à de telles heures : « Ce que le Bon Dieu garde, réplique-t-il, est bien gardé. » Et avec quelle satisfaction intime il profite de ces moments où son Dieu est moins caché aux regards pour murmurer des « Credo », des « Gloria Patri », des « Pater », des « Ave » ! « On ne peut, répète-t-il à ses enfants, estimer le prix d'un « Ave Maria ».

Entendre, réciter, faire réciter le chapelet est pour lui un besoin, une joie. Il ne veut pas être séparé de son chapelet, de son rosaire; il le porte toujours sur lui, l'égrène dès que se présente un moment inoccupé dans les allées et venues, à l'église, à l'atelier, en se rendant aux réunions d'œuvres ou chez ceux qu'il visite; il regrettera la minute qu'il laisserait non employée, il la croirait soustraite à Dieu. Membre de la Confrérie du Rosaire perpétuel, il a choisi pour son heure le temps compris entre minuit et une heure : durant toute cette heure, il prie et médite à genoux sur le carrelage de sa cuisine. Il prie les bras étendus et en croix : c'est sa façon préférée de prier; il ne cessera de s'en servir, à l'église ou en public, que sur l'ordre de ses directeurs, il en usera d'autant plus fréquemment dans l'intimité et au foyer. Il médite sur la Vierge, sur l'amour, sur les souffrances de la Sainte Vierge; il affectionne les vocables de Notre-Dame de Lourdes, de Notre-Dame du Sacré-Cœur, de Notre-Dame des Sept-Douleurs.

La Vierge au Calvaire, Jésus crucifié, tels sont les sujets les plus fréquents de sa méditation. Que de fois il repasse en son âme les compassions de la Vierge, les récits et les leçons de la Passion et de la mort du Christ! Que de fois il fait et recommence le Chemin de la Croix, chez lui, à l'atelier, seul ou à l'église! Nul exercice ne s'accommode mieux à ses goûts. Son amour pour Jésus en croix est tel, qu'apercevant un jour le long d'une route escarpée, au fond d'une petite chapelle érigée en bordure, un Calvaire recouvert de poussière, il en recherche le propriétaire, l'aborde, expose respectueusement le désir qu'il a de voir ce Christ-souvenir mieux soigné et honoré. Le propriétaire se montre si favorable que la cause est entendue. Désormais François, en gravissant le côteau, apercevra un Christ fidèlement repeint et entretenu, au milieu de bouquets de fleurs naturelles ou artificielles, brûleront une veilleuse, des cierges, quelques modestes chandelles; devant lequel aussi s'arrêteront et prieront piétons et voituriers; François, en passant, y jettera sa gerbe de fleurs et de prières. Il voudrait voir surmontés d'un calvaire tous les autels où se célèbre le Sacrifice divin. Le saint Sacrifice de la Messe est pour lui toute la Passion, tout le Christ, la grande source de grâces pour le chrétien ; il ne voudrait plus commencer une journée sans avoir entendu au moins une messe. Et de cette messe, il voudrait être non un simple auditeur, mais l'humble servant : il envie ce poste. Il se mettra à en étudier les « répons », les cérémonies, et un jour, à l'approche de l'ordination sacerdotale de son fils, il sera heureux de dire : « J'ai appris à servir la messe ; ton père sera ton enfant de chœur. » François a une si haute idée de l'autel, du service des autels, du sacerdoce, qu'il avoue n'avoir jamais osé parler au sein de la famille de la vocation sacerdotale et religieuse : « Celui qui ambitionne le sacerdoce, demande quelque chose de si grand qu'il doit être appelé par Dieu ; que c'est de lui-même qu'il doit vouloir y tendre et en approcher le moins indignement possible. Je ne conçois pas un prêtre qui ne soit pas un saint prêtre. » Il disait à son fils : « Si Dieu te demande d'être prêtre, que ce soit à condition d'être un saint. » Il s'incline avec docilité devant le conseil du ministre de Dieu, ce conseil fût-il contraire à ses idées. Il réserve une confiance et une soumission absolue à celui qu'il a choisi pour son confesseur et directeur.

Très fréquemment, il viendra solliciter le pardon divin et la bénédiction du prêtre. « Je veux vivre, répète-t-il, constamment dans l'amitié de Dieu. » Et il se tiendra journellement en rapport avec celui qui le maintient dans cette amitié. A son guide spirituel, à son « Père », il viendra tout soumettre, comme un fils véritable. Sans détour ni calcul, presque brutalement, il exposera le motif de sa consultation; respectueusement, avec autant de franchise que d'opiniâtreté, il défendra ses raisons et combattra même celles qu'on lui oppose. Est-il fait appel à son esprit de foi, l'homme disparaît, le flamand cède et plie; tout à l'heure si indépendant, si obstiné, il est devenu maintenant le plus doux, le plus souple des hommes. Seul, l'esprit de foi de François triomphera des résistances de François, lorsqu'il lui sera demandé, dans l'intérêt d'un bien général, ou celui de sa santé, de restreindre les ardeurs de son zèle ou le nombre et la violence de ses mortifications.

Esprit de foi.

Poussé par l'esprit de foi et de pénitence, François veut accomplir fréquemment des pèlerinages, surtout ceux qui sont plus pénibles et nécessitent une longue marche à pied. Il se rend ainsi, durant la nuit ou de très grand matin, et quelle que soit l'intempérie de la saison, prier et « servir » dans les environs, à la Chapelle-Rompue, à Bailleul, à Ypres, à Hollebeke, à Limelles, à Dadizeele. Il récite le chapelet constamment le long de la route, communie à l'arrivée; le voyage est tel que, parfois, malgré sa constitution robuste, il se sent prêt à faiblir. Indisposé une fois en approchant de Dadizeele, il ne doit qu'à sa force de volonté de pouvoir se traîner jusqu'à l'église et jusqu'au banc de communion. Il a un culte spécial pour Notre-Dame de Messines : il propose un soir à deux de ses amis de faire ce pèlerinage; la proposition est acceptée; nos trois voyageurs partent durant la nuit même, effectuant, sans cesser de psalmodier des « Ave Maria », les neuf kilomètres qui séparent Armentières de la petite bourgade belge. Ils marchent à très vive allure; le sanctuaire n'est pas encore ouvert; ils s'agenouillent sur le sol détrempé, à la porte, auprès de la cloche, et continuent à prier. C'est dans cette attitude que le sacristain les trouve. Ils entrent, communient, reviennent en égrenant leur chapelet. Tous trois étaient rentrés à Armentières pour l'heure de l'ouverture de l'usine, ayant obtenu la grâce qu'ils avaient demandée.

Notre-Dame-de-Grâce est aussi une madone que François se plaît à consulter. Il se rend de très grand matin à Loos, avec deux camarades d'atelier pour « servir » à l'intention d'une mère de famille bien malade, il aperçoit à un carrefour une petite chapelle érigée en l'honneur de la Sainte Vierge : il s'arrête, entame un « Je vous salue, Marie » et, interrompant soudain sa prière : « Hélas! mon bon ami, notre brave femme est morte! » Il était six heures du matin. Les pèlerins poursuivent néanmoins leur pèlerinage : au retour, ils apprennent que la malade avait succombé à cette heure-là.

Il est, dans le Pas-de-Calais, à Amettes, un saint vénéré que François aime particulièrement, dont il ambitionne de reproduire la vie et la vertu : c'est saint Benoît-Joseph Labre. Aussi, chaque année, vers le mois de juillet, est-il bien fidèle à prendre part au grand pèlerinage régional. Après avoir communié, il assiste à la grand'messe, aux Vêpres, à la procession, contemple avec un long regard d'envie la petite habitation, le jardin qui l'entoure; il revient, rapportant chaque fois un désir plus vif de rendre sa vie plus mortifiée.

Il préfère les pèlerinages de pénitence. Des affiches apposées sur les piliers de l'église Saint-Vaast, des avis communiqués du haut de la chaire, annoncent-ils une procession plus solennelle que de coutume qui aura lieu prochainement à Furnes? François a son projet : il en prépare secrètement l'exécution. Le samedi, veille du jour fixé pour le pèlerinage, il va passer la nuit entière en adoration au pied du Saint Sacrement, exposé en l'église du Sacré-Cœur. Vers 4 heures du matin, après avoir reçu la sainte communion, il se retire, prend le train pour Furnes, échappe à l'attention de ses concitoyens, se faufile à travers la foule. Quelques heures plus tard, on pouvait voir parmi les personnages représentatifs du cortège processionnel, un « Christ » revêtu d'une sorte de longue robe de bure flottante, en forme de cagoule, portant sur ses épaules une lourde croix de bois et s'avançant, pieds nus, sur les pavés rugueux de la route ou sur le cailloutis du chemin : ce figurant dont la démarche révélait le sentiment profond de pieuse humilité, mais dont rien ne pouvait laisser surprendre les traits, ce pèlerin qui, le soir, vers dix heures, rentrait inaperçu à Armentières et le lendemain reprenait son travail à l'heure habituelle, n'était autre que notre François Van der Meersch.

C'est encore pour satisfaire à ces besoins démonstratifs de sa foi, que François, lors des fêtes eucharistiques du 2 juillet 1893, à Armentières, accepte de tenir le rôle de « Moïse ».

Lourdes, Rome, sont des noms chers au cœur et à la piété de François : ce sont des lieux qu'il voudrait avoir vus. On lui a bien parfois offert de participer à l'un ou à l'autre de ces pèlerinages ; il veut, de ses économies, assurer le prix de ces voyages. Il s'inscrit en 1897 pour le pèlerinage national de Lourdes. En route, il se montre compagnon plein d'entrain, participant fidèlement à tous les exercices, et dans l'intervalle, surtout aux arrêts, prenant plaisir à jouir des scènes originales et pittoresques du voyage. Il fait auprès d'une fontaine, lavabo de gare, la connaissance d'un jeune homme, presque concitoyen, pèlerin pour la première fois qui, à travers les élans de sa joie, se laisse aller à confier que son gros ennui est de n'avoir pas de logement arrêté à Lourdes. Après avoir franchi les Landes et longé les montagnes pyrénéennes, le train arrive, à la tombée du jour, en la petite et célèbre cité de la Vierge. Tandis que brancardiers, infirmiers prési-

dent au débarquement, au transfert des malades;
tandis que les pèlerins descendent par grappes
des compartiments, François a déjà rejoint son
jeune compagnon, s'est emparé de sa valise, l'a
fait sortir rapidement de la gare et l'emmène du
côté du Gave, jusqu'à la chambre qu'il s'est re-
tenue, offre le lit, préparé pour lui, et prétend
dormir sur une chaise, à côté de la fenêtre. La
nuit suivante, les deux pèlerins, celui de cin-
quante-huit ans, celui de dix-huit, la passent entière en adoration dans l'église du Rosaire. Ils se
retrouvent à la Grotte, devant les piscines, en
haut des arcades, sur l'Esplanade, dans la Basilique, à la crypte, aux offices saints, aux processions du Saint-Sacrement, l'après-midi, aux cortèges aux flambeaux et au « Credo » du soir, à
la Table sainte, à la pension-hôtel, où François
voudra solder seul les frais du séjour; ils se retrouvent au retour et fréquemment dans la suite,
participant aux mêmes retraites à Mouvaux, et
aux mêmes œuvres d'apostolat.

François ira à Lourdes, deux fois, « chanter,
comme il le dit, tant qu'il a de la voix », chercher
« de l'entrain tant que la Vierge veut lui en donner », et prier sans discontinuer « tant qu'il a des
genoux ». Il ira à Rome une fois : ce ne sera pas
toutefois au premier essai. Il a, avec confiance,
versé à une agence ses longues économies; arrivé
à Lille, et au moment de régler le déjeuner qu'il a
prix au buffet de la gare, il apprend et on lui fait
constater que son carnet de coupons n'a nulle

valeur et qu'il a été trompé. François revient, non
décontenancé. Lors du pèlerinage suivant, une
place est libre : on la lui offre; il la cède à un autre et il économise. Il décide même quarante de
ses compagnons à verser pendant quatre mois,
chaque semaine, une cotisation de vingt-cinq centimes, à l'effet de pourvoir à l'organisation d'une
loterie dont l'unique lot sera un billet pour Rome,
et dont le gagnant sera le mandataire de
tous. Lui-même s'inscrit au pèlerinage de 1891.
Son grand désir est de voir le Pape et, lorsque
dans la salle d'audience, il découvre le glorieux
Pontife Léon XIII, porté sur la « Sedia », ses
yeux se mouillent de larmes; et quand l'illustre
Pontife, descendant de son trône, vient présenter à chacun son sourire, sa main, sa bénédiction,
sa sébile, François en un geste rapide a recueilli
tout ce qu'il a d'argent sur lui et s'en est dé-
pouillé. Il est empressé à suivre tous les exercices : ce lui est une douce jouissance de pouvoir,
en l'immense salle de Sainte-Marthe, prendre
part aux agapes présidées à tour de rôle par l'un
des cardinaux : sur les tables ont été rangées de
nombreuses corbeilles de fruits. François les présente à ses voisins. Il goûte mieux les discours
prononcés durant ces repas que les mets alignés
sur la table. Au sortir de ces réunions, au lieu de
causer, de se promener, il prie sans cesse avec ses
amis, soit en quelque église, soit le long de quelque allée ombragée. Un moment indisposé, il se
laisse mener à la prison Mamertine, et est guéri

après avoir bu quelques gorgées d'eau de la fontaine. Il voudrait emporter un peu de cette eau : on lui passe une bouteille, il la remplit, la bouche bien, la transportera avec soin. Rentré chez lui, il éprouve la désolation de constater, sans qu'il puisse s'expliquer la chose, que le flacon est vide, que toute l'eau s'est évaporée...

Esprit de zèle.

Au retour du pèlerinage de Rome, François s'applique à réaliser mieux encore ses devoirs de tertiaire : il voudrait voir s'étendre l'œuvre du Tiers-Ordre. « Comment, objecte-t-il à un ami qu'il avait ramené à la foi, et qui depuis lors fréquentait la Table sainte, je ne te comprends pas, toi, tu remplis bien tes devoirs de chrétien et tu n'es pas du Tiers-Ordre? Que d'indulgences tu perds! » L'interlocuteur n'avait rien répondu : mais peu de temps après, il était inscrit et il se plaisait à répéter : « Vraiment, je suis heureux de me trouver en si bonne compagnie ». De cet ami, de ce confrère, François fait un auxiliaire, un propagandiste pour l'œuvre de la Bonne Presse. François a décidé d'organiser la diffusion régulière du bon journal : « La Croix ». Il l'a d'abord implanté et répandu à l'intérieur de l'usine où il travaille; il rêve maintenant de le propager au dehors, à travers toute la ville et dans les communes environnantes. Il recherche

et s'associe dans ce but quelques autres tertiaires,
amis dévoués : il les réunit un dimanche chez lui,
leur parle de ce vaste projet, les convainc : le
plan de campagne est dressé, adopté; la petite
phalange se partage en groupes de deux; la ville
est sectionnée par quartiers et par rues, des lis-
tes sont établies. Chaque dimanche, entre huit
heures et dix heures du matin, puis après la
grand'messe, chacun des groupes va visiter, maison par maison, le quartier qui lui a été assigné;
on se communique ensuite, en réunion, les résultats de ces démarches.

La tournée est entreprise dès le dimanche suivant; c'était en 1889. Après avoir assisté et communié ensemble à la messe, les chevaliers de
« La Croix » quittent deux par deux la maison de
François et se dispersent dans les directions con-
venues. La première fois, ils emportent sous le
bras un modeste colis de « Croix » et de « Pèlerin ». François s'est réservé les secteurs les plus
difficiles. Armé de sa ténacité et de son zèle, il
frappe à chaque porte, expose, en français ou en
flamand, le but de sa visite, présente, selon la
circonstance, ou « Le Pèlerin » d'abord, avec ses
pages coloriées et ses caricatures, ou « La Croix »,
ou les deux, « Croix » et « Pèlerin ». Ici, il est
accueilli, on l'invite à s'asseoir, il parle, on écoute,
il laisse le journal : c'est une place conquise; là
on prête une oreille plus ou moins attentive : il
insiste, il revient à la charge; son accent de con-
viction, son opiniâtreté triomphent. Ailleurs, il

y a un vrai siège à entreprendre : l'assiégeant demeurera le vainqueur. En certains endroits, on l'éconduit, on l'insulte, on le menace. Sans prendre garde à ces premiers échanges de salutations, François répond doucement, mais gravement : « Nous nous présentons, faites ce que vous voulez. » Parfois, on laisse la porte entrebaillée : François continue à causer, à plaider, il parvient à la cuisine, dépose un numéro et se retire. Si la porte reste obstinément fermée, il tâchera de rencontrer quelque part celui qui lui refusa ainsi accès. Il ne veut pas omettre de se présenter chez les dirigeants, les meneurs socialistes ou anarchistes. « Eh bien ! lui déclare un jour l'un de ces derniers, pour faire ce que tu fais, tu dois être un beau type ! » — « Tu peux toujours venir me trouver, riposte François, ou le jour ou la nuit : je suis à ta disposition. » Quelque temps après, la femme de ce meneur tombe malade : François l'apprend ; il sait qu'il n'y a pas de ressources au foyer ; le dimanche suivant, il va de porte en porte, dans le quartier, présenter un tronc et solliciter en faveur du voisin la charité des habitants ; il fait ainsi deux ou trois collectes et en apporte le produit à la famille infortunée. Le meneur est confondu : il devient un lecteur assidu du journal, un ami de François, un client de la Table sainte, un ami des œuvres, un apôtre qui ramène derrière lui beaucoup d'égarés.

Chaque maison de la ville, chaque demeure, chaque ferme dans les villages environnants, est visitée : la propagande se poursuit méthodique, intense; tout est contrôlé, aucune adresse ne reste sans visite; le solliciteur retournera, jusqu'à ce qu'il ait pu pénétrer. Au bout de six mois de cette campagne, « La Croix » comptait 1.600 abonnés réguliers; « Le Pèlerin » avait un nombre considérable de lecteurs.

Au « Cercle de la Sainte Famille », plus connu sous le nom de « Cercle des Flamands » et dont il a été élu le président, François réserve « La Croix Flamande ». Lui-même la présente, la distribue à chacun des membres, recueille chaque semaine, ou chaque mois, les cotisations; et si parfois l'une ou l'autre de ces cotisations n'est pas soldée, François comble la différence à la caisse.

François aime beaucoup son Cercle Flamand; il en recrute soigneusement les membres; chaque dimanche, chaque lundi soir, il est là, prêt à recevoir chacun. Remarque-t-il un visage plus triste, il va le consoler. Est-ce un nouvel arrivant? Il l'introduit, prend place, avec lui, à l'une des petites tables de jeu, cherche quelques partenaires; on sert un canon, une chope ou une canette de bière; on apporte un tapis, un jeu de cartes, des jetons, la « chauffrette » à pied et à anses, bien chaude de braise et de cendres, on allume la pipe, on lance de bonnes « bouffées », les parties s'engagent : c'est partout l'animation. Est-il besoin d'initier un membre plus jeune au maniement des cartes, aux combinaisons de tel ou tel jeu, François accourt avec son sourire et sa pipe. « C'est un joyeux compagnon, disent les sociétaires, il est partout, veille à tout. » Il n'oublie pas de jeter la semence de la parole divine : à chaque réunion, un entretien spirituel est fait en flamand, par l'Aumônier-Directeur.

D'autres orateurs, des conférenciers, des missionnaires de passage sont invités à parler; à l'issue de ces conférences, François remettra au conférencier une discrète obole, quelquefois une pièce d'or, pour les missions lointaines, les Ecoles d'Orient, l'Œuvre de la Sainte Enfance ou de la Propagation de la Foi. François quêtera chaque année en faveur de certaines missions du Congo, la part de sa famille et du Cercle. François aussi se dévoue à enseigner le catéchisme en flamand, aux petits enfants de ses sociétaires; il les prépare avec soin aux examens que le curé de la paroisse leur fait subir chaque année.

Le jour de la fête du Cercle, le banquet, ou plutôt le repas de la grande famille, est présidé par le Doyen de la paroisse. Il y a grande liesse, cordialité parfaite : les chansons, les romances, forment intermèdes. François a revêtu le tablier blanc et règle la marche du service; il entonnera aussi sa chanson : sa chanson préférée, celle du « Lion de Flandre ». Au milieu de la salle, sous les arceaux et les banderolles de fleurs, dominant la table de sa haute stature et de sa grande barbe noire, en face du Christ encadré ce jour-là d'une panoplie aux armes pontificales, il donnera son

« speech », ou mieux, ses conseils, en un flamand très imagé et plein de saveur. Ses réparties sont piquantes et d'allure brusquée. Un orateur ayant cru devoir conclure un toast par ces mots : « Suivez les traces de Monsieur le Doyen », lui se lève : « Oui, de Monsieur le Doyen, mais surtout les traces du Sacré-Cœur ! »

Après l'une de ces réunions prolongée jusqu'à une heure assez tardive, les membres du Cercle se mettent en devoir de reconduire chez lui le vénéré doyen de la paroisse. « Non, dit celui-ci, rentrez chez vous, mes bons amis : j'ai mon Ange Gardien. » — « C'est vrai, reprend François, l'Ange Gardien est plus fort que vous et que moi. »

Au lieu d'un banquet, il y a parfois un voyage, un pèlerinage : François organise tout, prévoit l'horaire, le transport, les repas, le programme de la journée. Tous, un jour d'été, ont accepté de se rendre en Belgique, prier Notre-Dame de Lourdes à Oostacker : la colonie s'embarque, de bon matin; elle arrive pour l'heure de la grand'messe, entend le sermon, participe aux chants : au moment de l' « Agnus Dei », le président se détache du groupe qu'il a conduit, franchit la longueur de la nef, se présente à la Table sainte et communie, les mains jointes. Ces pèlerinages, bien que fatigants, laissaient de profondes impressions.

Chaque mois, récollection spirituelle : on se réunit à la Chapelle du Cercle. L'allocution est donnée en flamand. Lui-même chante de sa belle et forte voix. La chapelle apparaît trop dénudée aux yeux de François. Il lance l'idée d'une collecte à un ou deux sous : l'appel est entendu d'un très grand nombre d'ouvriers; une somme de plus de quinze cents francs est recueillie. Des peintures, de grandes aquarelles rehaussent la parure du chœur et des murailles. Il manque une chaire : nouvelles collectes; près de cinq cents francs sont encore souscrits. Un salut solennel, une messe d'actions de grâces sont célébrés pour les souscripteurs populaires spécialement convoqués.

Aux Frères de la Doctrine chrétienne qui ont entretenu ce sanctuaire, ordre un jour est intimé de quitter cet oratoire et ces classes où ils professent avec tant de succès depuis de si longues années. Pour assurer la continuation de l'enseignement primaire libre et pourvoir à l'entretien de maîtres nouveaux, dans d'autres locaux, François et ses amis provoquent des quêtes, des souscriptions populaires périodiquement renouvelées.

C'est un zèle semblable que François apportera pour recueillir régulièrement d'autres sommes nécessaires à l'entretien du culte et la subsistance du clergé. Il tient au grand nombre de prêtres : il tient aux grandeurs du culte. Il aime une église à hautes et larges nefs, mi-éclairée par des vitraux à scènes, ou personnages bibliques, au chœur vaste, bien décoré, soigneusement entretenu, garni d'un autel ample que l'on découvre bien, où le Bon Dieu est bien logé et d'où il sort souvent, où il y a des fleurs et des bouquets que l'on renouvelle, des lampadaires que l'on allume, un pavement que l'on frotte et où l'on peut se mirer, des tapis que l'on change, des tentures, des drapeaux, des oriflammes, des guirlandes que l'on suspend. Il aime les grandes et belles cérémonies, les longs cortèges d'enfants de chœur, les messes générales de communions, les processions aux flambeaux à travers les allées, les chants, répétés à l'unisson, par l'assistance entière, et soutenus par un orgue puissant.

- Rien ne saurait être trop beau à ses yeux dans une église, surtout quand cette église est l'église paroissiale, le sanctuaire de la famille paroissiale. « Comment, disait-il, des créatures humaines sacrifieront tout, se dépenseront et dépenseront follement pour d'autres créatures, des créatures indignes peut-être et nous, nous ne ferions rien pour notre Dieu, nous ne trouverions rien à Lui offrir ! » Et comme certains critiquaient les embellissements du sanctuaire, la création d'œuvres ou d'églises nouvelles, en disant : « Les patrons, les prêtres, dépensent tant d'argent pour toutes sortes d'œuvres; qui sait si ça fait du bien? — Et quand on aurait dépensé davantage, interrompit François, n'y eût-il qu'une âme sauvée, le salut de cette seule âme vaudrait bien tout cela ! »

Aussi, François a quêté pour les travaux d'aménagement intérieur de l'église paroissiale. En plus, il sollicite et recueille avec autant de zèle les offrandes pour l'Œuvre des Ames du Purgatoire : chaque mois, il vient chez les membres adhérents recevoir le sou de cotisation qui doit servir à assurer la célébration d'une messe spéciale et immédiate en faveur du confrère décédé, et la célébration continue de messes chaque semaine, en faveur de tous les confrères défunts.

Si, à la vérité, François a un profond et constant souci des intérêts spirituels de ses compagnons de travail, il ne néglige pas les questions d'ordre matériel et professionnel. Tisseur, ouvrier expérimenté et en éveil, il prête un dévouement aussi actif que désintéressé à l'organisation et au fonctionnement du Syndicat mixte de l'Industrie Textile d'Armentières.

Il sait que, dans le ménage de l'ouvrier, l'achat des légumes tient une large place dans le budget : il réussit, au prix de démarches nombreuses, à établir près de soixante « jardins ouvriers » qui sont loués à un taux très infime. Une condition, toutefois est imposée : nul travail ne sera toléré le dimanche. Lui-même, bénéficiaire de l'un de ces jardinets, donnera l'exemple le plus rigoureux.

Alors qu'une après-midi de chômage, porteur d'une bêche, d'un râteau et d'un paquet de semences, il se dirige paisiblement vers ce qu'il appelle « sa campagne », il fait la rencontre d'un ennemi notoire du christianisme : on parle de petits pois, de salades, de poireaux, de semis et de couches, puis du Grand Jardinier et de sa religion : la conversation s'anime, se précipite. François expose, défend si bien la doctrine chrétienne, que l'antagoniste n'objecte plus rien, mais écoute. Le lendemain, les jours suivants, nos deux jardiniers se rencontrent encore : on ne parle plus des modestes récoltes, mais du Grand Moissonneur et des grands champs, des grands ouvriers et du Grand Maître, de la grande paie, du salaire suprême. L'adversaire d'hier est gagné : il devient un membre assidu du Cercle, un convive familier de l'Eucharistie et des cérémonies d'adoration. Il tiendra à occuper une place d'honneur ou de garde auprès de l'autel et du dais.

Ces sortes d'entrevues et d'entretiens sont loin de déplaire à François; il les recherche et pour jeter l'amorce, il choisit les moments les plus propices, le dimanche, les heures qui précèdent ou suivent les repas; il trouve alors la porte ouverte et les membres de la maison. Une fois entré, il cherche le moyen de s'asseoir dans la salle qui sert de cuisine, sur une vieille chaise, près de la table, auprès du poêle : ces coins-là conviennent pour causer plus familièrement. Les premiers entretiens sont plus courts, les autres plus longs; parfois même, en vue de prolonger la visite et poser des jalons, il invite un complice à venir avec lui. Si c'est après l'heure du souper, il s'enhardira jusqu'à proposer de réciter la prière en commun, avant la montée « des bambins, des mioches », comme il dit. On se prêtera en rechignant d'abord, puis de façon moins étonnée, et bientôt, à l'issue de ces visites, François murmurera, en se frottant les mains : « Encore une âme gagnée ou qui ne tardera pas à venir. »

Des arrangements d'ordre administratif l'obligent à se rendre, un dimanche, vers midi, chez un socialiste militant. La porte du logis est mi-ouverte; il frappe, entre; la ménagère est là, le mari absent. D'un coup d'œil, François a remarqué sur la table le menu du dîner : une pórtion de deux sous de pâté pour le père, des tartines pour la mère et les enfants. Il expose le motif de sa visite, dépose sur la table les dossiers administratifs et ajoutant une pièce d'argent : « Tiens, dit-il en se retournant vers la femme, il est dimanche; ça, c'est pour aller chercher au boucher de quoi faire pour ton homme un petit pot au feu. » L'homme vient le remercier, et changera tout à fait de conduite.

Un ivrogne trébuche un lundi soir sur le trottoir, à la porte d'un estaminet. François qui revenait d'une réunion, aperçoit l'individu étendu; il le relève, le soutient, le reconduit jusqu'à son domicile, revient le revoir, les soirées suivantes, l'engage à faire une série de neuf communions chaque premier vendredi du mois! lui-même viendra chaque fois le réveiller, l'aider à faire sa toilette, le mener à l'église. Une après-midi de semaine, cet homme fait savoir qu'il est tombé très dangereusement malade. François quitte aussitôt son travail, accourt auprès du malade, l'avertit du danger, va chercher le prêtre; à peine le malade a-t-il reçu en toute connaissance, et avec piété, les derniers sacrements, qu'il succombe.

Membre du Syndicat, il est en relation avec

des membres influents ou des chefs de syndicats adverses : il se montre pour l'un d'eux plein d'attention, lui payant même, pour lui faciliter le moyen d'aller à l'église, à la messe, un costume complet en drap : ce fut l'occasion d'entretiens et de visites, le point de départ d'une notable amélioration de vie.

Un socialiste ardent occupait son dimanche à une propagande de lucre, à travers les estaminets, les cafés, les buvettes, les bars fréquentés de la ville, distribuant ses idées, vendant des oublis : la vente, sinon la propagande, était fructueuse. François fait sa rencontre : les deux hommes, les deux militants, car ils étaient tels tous les deux, s'abordent. Les premiers chocs furent vifs; ceux qui suivirent le furent moins. Le marchand d'oublis donna un jour aux pauvres tout l'argent qu'il avait amassé avec la vente de ses gâteaux. Abandonnant son passé, il se fit apôtre pour le bien.

Pour gagner un autre socialiste de renom, François circonvient les enfants : pour eux, à certaines fêtes, il apporte quelques brioches du pâtissier, quelques gaufres ou quelques crêpes toutes fraîches, quelques cornets de pommes de terre frites, une poignée de « bibelots », un bâton de sucre d'orge ou de réglisse, quelques petites gâteries. Le père touché se décide à venir remercier; les visites s'ajoutent, se multiplient; on discute à l'aise, parfois de longues heures, et bien avant dans la nuit, dans la demeure de François. Bientôt les enfants plus âgés qui vont à l'usine, apprennent leur catéchisme, font leur première communion; les plus jeunes sont confiés en d'autres écoles, à des maîtres chrétiens. Et le père, révélant plus tard ces faits, ajoutait ces détails : « J'ai connu la misère; si nous n'avions pas eu François, il y a longtemps que nous serions tous morts de faim. Que de fois n'a-t-il pas surpris la maisonnée sans un morceau de pain! que de fois n'a-t-il pas remis de l'argent à l'un des enfants, disant : « Tiens, va chercher ce qu'il faut ».

François ne veut pas aller au cabaret. Il est deux meneurs qu'il ne peut atteindre que là. Un dimanche matin, après la grand'messe, il voit les deux compagnons attablés en un estaminet autour de verres d'absinthe déja vidés. Il entre, on le reconnaît : on prend un visage de bataille. François propose de « boire une canette ». L'insulte éclate, dure, rapide, grossière. François ne s'émeut pas, persiste à entamer conversation. Au lieu de répondre, l'un des interlocuteurs fuit brusquement dans la cour. François passe une pièce de deux francs à celui qui reste : « Tiens, voilà pour boire tous deux un petit coup à votre santé et à la mienne. » Il fait mine de prendre un verre avant de partir. Pendant ce temps, le second interlocuteur disparaît par la porte d'accès sur la cour : les deux compagnons rentrent, acceptent la consommation, la santé proposée, causent, discutent. François est invité le dimanche suivant chez le plus militant des deux; il est fidèle au rendez-vous. Des socialistes de marque habitent dans le quartier, bavardent en groupe, assis à cheval sur leurs chaises, aux alentours de la maison. Notre homme est à la porte, en gilet et bras de chemise; croyant que ce voisinage est de nature à intimider François : « Allons, l'ami, crie-t-il de loin, par ici, on vous attend. » François, qui cherchait le numéro de la maison, s'approche. Il entre, on discute chaudement; on boit aussi un café bien chaud. Au départ, la situation est moins tendue. Peu après, le militant ne l'était plus; il n'allait plus au cabaret : il connaissait et sa famille fréquentait le chemin de l'église.

François multiplie de toutes façons les formes de son zèle. C'est une âme conquérante que rien n'arrête, toujours en éveil, qui voudrait étendre toujours son champ d'apostolat et de conquête. Apprend-il qu'on n'a pas osé avoir recours à ses services, il est peiné. Le jour, la nuit, toujours il est prêt. Le tocsin vient-il à sonner, il est des premiers, accouru sur les lieux du sinistre; en courant, il a déjà récité quelques « Ave » à l'intention des sinistrés. On le trouve toujours libre pour faire la veillée près des malades, opérer leur dernière toilette, ensevelir les morts, fallût-il pour cela sacrifier quelque chose de son temps, de son travail, de sa bourse ou de sa garde-robe. « On doit toujours se dévouer pour le Bon Dieu », a-t-il coutume de répondre à ceux qui s'étonnent ou s'inquiètent de son activité. Et si son épouse se hasarde à dire : « Mon mari se dépense trop ! »

il réplique sur le ton du chrétien qui ne veut supporter aucun frein : « On ne saurait jamais travailler trop pour le bon Dieu : il nous donne tout, nous nous devons à lui sans mesure. »

Esprit de charité.

C'est surtout en faveur des pauvres de Jésus-Christ que François réserve le meilleur de ses générosités. « Pour le Bon Dieu, pour les pauvres, avoue-t-il, je donnerai tout ce que j'ai. » Il veut que son Cercle flamand ait une Conférence de Saint-Vincent-de-Paul, son lot spécial de familles pauvres à visiter. Président de cette Conférence, il s'occupe avec soin des intérêts de l'œuvre et des pauvres; il préside chaque réunion, s'informe scrupuleusement des besoins de chaque famille, donne les conseils que lui inspirent sa foi et son expérience. Comme la société n'est composée que d'ouvriers comme lui, les ressources sont très limitées : à toute famille, on convient de donner deux pains par quinzaine. François voudrait que l'on pût aussi donner en certaines occasions des bottines, des vêtements ; le trésorier est obligé parfois, armé du livre de caisse et du facturier, de tenir tête au président : il remarque alors qu'après avoir passé sa bourse à l'issue de ces séances plus mouvementées, que la recette, au lieu de comprendre comme d'usage des pièces de vingt-cinq centimes, et une pièce de deux francs, comporte d'autres pièces supplémentaires de deux francs, de cinq francs, parfois même, de dix ou de vingt francs : c'est la façon pour le président d'établir la balance des comptes et l'équilibre du budget. D'autres fois, le président commandera au secrétaire d'ajouter des bons supplémentaires, il en solde d'avance la valeur. François visite ses familles pauvres le dimanche matin, avant ou après la grand'messe. Il entre directement, choisit la chaise la plus grossière, prend l'un ou l'autre des enfants sur ses genoux, leur enseigne en flamand ou en français le « Notre Père », le « Je vous salue, Marie », épelle, explique, fait réciter le catéchisme, parle du petit Jésus, des anges, du ciel, leur promet, leur apporte des gâteries, de petits cadeaux s'ils savent bien leur prière ou leur catéchisme. Ceux qu'il appelle ses « moutards », n'ont-ils plus de galoches, pas de sabots, il les enverra avec son porte-monnaie chez le sabotier ou le cordonnier le plus proche. Ne sont-ils pas en classe alors qu'ils peuvent s'y rendre, il ira les inscrire, il se renseignera ensuite auprès des maîtres ou des maîtresses sur le travail, l'assiduité, la conduite de chacun. Saint-Nicolas a-t-il oublié de venir visiter et remplir les sabots ou les bas qui pourtant ont été bien alignés sous le lit ou auprès du poêle, il va chez le pâtissier, revient, l'air souriant, mystérieux, prend une assiette dans la commode, y déverse le contenu de ses poches, confie à la mère toute joyeuse le soin de la répartition et de l'arrivée à destination; lors de la visite suivante, les enfants accouraient, reconnaissants et contents, annoncer à leur visiteur que si Saint-Nicolas avait tardé un peu à venir, c'est parce qu'il avait voulu réserver de meilleurs gâteaux.

Aux parents, François parle du Bon Dieu, des enfants; il apporte le journal et laisse toujours, doublant avec l'argent de sa poche le don de la Conférence, quatre bons de pain au lieu de deux par quinzaine. Souvent, il joint quelque grosse portion de son dimanche; il n'en restera habituellement à l'heure des distractions du soir que bien minces miettes. « Une fois qu'à la maison il y a le nécessaire, déclare-t-il, je donne le reste. » Lui fait-on part de quelque naissance, d'un évènement heureux ou malheureux, de quelque indisposition survenue, il a consulté son porte-monnaie et retiré ce qui peut s'y trouver. Apprend-il que le médecin a prescrit un flacon de « Sirop de l'Abbaye » ou un médicament qu'on n'a pu se procurer, il court chez le pharmacien : « Tiens, dit-il en rentrant et en déposant un paquet bien étiqueté, voilà toujours de quoi commencer; si ça fait du bien, on recommencera. »

Un père de famille souffrant, repose en un lit, sur une paillasse fort dure et bien mince; il demande l'adresse d'un matelassier, revient chargé lui-même d'un matelas : au besoin, il ira chez lui, chercher le sien. « Ce qu'il a donné, c'est incroyable », témoigneront à l'envi les familles secourues par lui.

Informé qu'un ouvrier, poursuivi de longs mois
par la maladie, ne peut pas liquider les arriérés de
son loyer, près de cinq cents francs, François,
dont le cœur est plus riche que le porte-monnaie,
se met en route dans le quartier : frappe de porte
en porte, renouvelle ses démarches et, un dimanche, vers midi, remet au locataire aux abois la
somme manquante.

Au cours de l'hiver, il remarque, en allant lui
dire bonsoir, qu'un chef d'une nombreuse famille
est secoué par des quintes de toux : « Mon cher,
tu as attrapé un vilain rhume; il faut te bien vê-
tir. » — « Comment voulez-vous? Je n'ai pas de
quoi m'acheter un tricot de laine. » François se
retire dans la pièce voisine : « Tiens, dit-il en
rentrant et tendant un gilet de laine, voilà pour
résister à l'hiver. Au revoir. » Et déjà il est sorti.

Un soir, se dirigeant vers l'église, à l'heure du
Salut, il découvre dans la pénombre, s'appuyant
contre l'un des contreforts, un vagabond d'une
soixantaine d'années; il s'approche, interroge;
l'homme à la longue barbe grise est sans asile,
sans famille, sans emploi; il n'a nulle ressources,
nulle relation. François le prend par le bras, l'aide
à traverser quelques-unes des rues de la ville et,
sonnant à la porte de l'Asile des Vieillards des
Petites Sœurs des Pauvres, plaide si bien la cause
du malheureux que celui-ci, malgré le nombre
des hospitalisés, est admis immédiatement, rafraî-
chi, restauré et mené à un bon lit bien propre, ar-
rangé par l'une des bonnes sœurs.

C'est à ce même établissement qu'à l'issue du dernier pèlerinage de Lourdes, François, accompagné de sa femme, vient de nouveau sonner; il n'y a personne avec eux, mais ils ont un paquet; ils sont introduits dans le parloir : « J'avais promis, ma bonne Mère, dit François à la Supérieure, si la Sainte Vierge m'accordait guérison à Lourdes, de donner au retour, aux pauvres, tout ce que j'avais de vêtements sur moi durant mon voyage. Je ne suis pas guéri, mais je ne veux pas priver les pauvres. » Et il aide sa femme à défaire le paquet : il y a, en pile, un costume complet et neuf en drap bleu, une chemise bien blanche avec un plastron bien empesé par l'une des enfants et à laquelle est agrafé un nœud de cravate; une paire de chaussettes de laine tricotées à la main, une paire de fortes bottines et une paire de pantoufles en bon état. Il ajoute même la casquette qu'il a sur la tête, s'écriant : « Ça c'est l'escompte. » Et comme son épouse laisse percer quelque regret : « Allons, ne parlons plus de cela, c'est pour le Bon Dieu et pour vos vieux, ma Bonne Mère. Partons ! » Et tous deux, lui tête nue et elle, allégés de leur paquet, redescendent satisfaits les marches du perron et le portail de sortie. L'épouse avait souvent à user de vigilance pour protéger l'avoir du foyer contre la libéralité de l'époux.

Le passant qui n'a pas de gîte, le mendiant qui n'a pas de pain, l'aveugle qui tend sa sébile, tous sont accueillis sympathiquement par François;

il donne tout ce qu'il peut donner. Un ivrogne qu'il rencontre souvent, parvient même à émouvoir sa piété : pour le secourir, il l'entoure d'amis, l'entraîne à la fête annuelle du Cercle; mais constatant que le malheureux n'apporte aucun amendement à sa vie : « Ah! non, c'est trop, lui dit-il; il ne m'est pas permis d'encourager le vice. Je ne puis pour toi me rendre coupable. Viens me revoir quand tu seras guéri. » Celui-là ne revint pas. François en resta désolé.

Son esprit de charité triomphe pourtant d'autres obstacles. Voulant un jour se présenter dans une famille pauvre pour la secourir, il est menacé d'être reçu à coups de revolver. Sans tenir compte de la menace, François se dirige vers l'adresse indiquée, sans autres armes qu'un chapelet et sa foi confiante; il heurte à la porte, la femme ouvre, paraît interdite; il demande à entrer, informé que le mari est sorti, laisse un peu de monnaie blanche pour améliorer l'ordinaire et s'éclipse. Le lendemain, il voit le mari : il est reçu avec reconnaissance : bientôt, le ménage est transformé, le crucifix occupe la place d'honneur.

Pour gagner au Christ des familles qui s'obstinent à en vivre éloignées, François cherchera une occasion propice pour se faire inviter à leur table : il accepte en ces circonstances de déguster une bonne jatte de café, additionné d'un « gloria », dont lui-même paiera largement les frais. Autour du petit verre de cognac, la conversation est vite amorcée, l'assaut est engagé et, mené par

François, l'attaque de front ne peut qu'aboutir
au succès.

Aussi, sera-ce pour lui une privation, un sacrifice bien pénible, lorsque la souffrance, la maladie l'empêcheront de visiter ses chères familles
pauvres; il se dédommagera un peu en leur adres-
sant régulièrement, par l'entremise de ses enfants, les bons de secours, accompagnés chacun
d'une piécette blanche de cinquante centimes ou
de un franc. Plus tard, on regrettera amèrement
de ne plus le voir, de ne plus l'entendre. « Impossible d'exprimer, déclarent ces familles, le bien
qu'il nous faisait; son absence est pour nous un
grand vide. »

Esprit d'humilité et de pénitence.

Ce vide ne devait se constater qu'alors; ce bien
ne devait se manifester que plus tard. « La main
gauche doit ignorer ce qu'a fait la main droite,
répétait François; le bien, le vrai bien ne se fait
pas dans le bruit; le Bon Dieu n'aime pas le
bruit. » Et François enveloppait de silence ou
d'un voile le plus épais possible, tout ce qu'il faisait. Des amis, des protégés veulent-ils le remercier, il les interrompt et ne laisse pas achever le
merci avancé. A-t-il à prendre part à quelque
réunion, il s'arrange pour occuper la moindre
place ou n'accepter qu'un rôle effacé, celui de
combattant, il est vrai, mais au rang de simple

soldat; il veut demeurer dans l'ombre, vivre et passer inaperçu. Il raconte bien à ses intimes, avec une humeur joviale, les aventures piquantes dont il a été l'objet ou la cause, certaines péripéties de luttes qu'il a dû soutenir au cours de telles ou telles de ses visites; il se garde toujours de parler de la part d'action qu'il a prise, ou des résultats de son intervention. « Quand on a mangé du pain, explique-t-il en son langage, on ne se souvient pas de ce qu'on a mangé; on ne doit pas se souvenir davantage du bien que l'on a fait; on doit le faire naturellement. » Des compagnons d'œuvres, au cours de conversations, s'oublient au point de laisser échapper devant d'autres témoins, fussent-ils des membres de la famille, des détails qui pourraient révéler des faits et gestes insoupçonnés, il les arrête et les rappelle au silence. Il prie, prie, avec une confiance sans limite, en toute simplicité, de préférence dans les endroits dissimulés, là où l'on peut moins le surprendre, mais où il peut bien s'entretenir avec son Dieu. Il réclame humblement avec obstination les prières de sa famille, de ses amis, de ceux qui lui portent intérêt. A-t-on l'indiscrétion de s'informer si ces prières ont été efficaces : « Ce dont nous avons à nous inquiéter, répond-il, c'est de demander bien, avec calme, avec confiance, san bruit, de prier et de faire prier beaucoup; le Bon Dieu est maître, il a son heure. Et lorsque nous avons été exaucés, cela appartient à Dieu. » S'il ne veut pas qu'on proclame les faveurs, il ne souffre pas que, devant lui, on agisse mal, on parle mal du prochain. Son reproche est alors sec et violent, et son intervention pleine d'indignation. Il ne peut admettre que l'on critique, que l'on calomnie, même légèrement, l'Eglise, la religion, les prêtres, les religieuses, ses patrons, ses supérieurs, l'autorité légitime quelle qu'elle soit; sa réplique, dans ces cas, devient acerbe et dure. Pour réparer vis-à-vis du Ciel, ces injustices, dont il déplore d'avoir été le témoin, il se livrera à des austérités supplémentaires : il aime tant souffrir et expier, souffrir pour Dieu, expier pour lui, pour les autres ! « C'est si bon de souffrir ! » redit-il. Il se mortifiera la chair jusqu'au sang; il voudrait imiter le Grand Flagellé, le Jésus de la Passion. Après la naissance de son fils et pendant de longues années, il se condamne, hiver comme été, à marcher les pieds nus, la semaine dans ses sabots, le dimanche dans des souliers; cette pénitence lui fut pénible; il dut cesser au moment où sa santé commençait à s'altérer. Lorsque l'indisposition vient l'abattre, il est comme joyeux; ce lui est une occasion d'être uni, de ressembler davantage au Divin Maître. « Dieu dispose de nous, écrit-il, nous avons à nous plier à sa sainte volonté; il faut savoir offrir et souffrir. »

Un soir, il rentre du tissage épuisé par la fièvre, éprouvant un mal et une lassitude extrêmes à l'un des bras : le docteur craint le « charbon ». La peau se gonfle, durcit : les douleurs augmentent; pour les apaiser, François va, vient dans la salle, s'assied, se lève, récite des parties de chapelet, entonne des cantiques à la Vierge. Ses amis viennent le voir. « Tu souffres bien? » dit l'un d'eux. François avance un « oui » timide, et dès que sa femme et les enfants sont partis, il s'empresse d'ajouter d'une voix qu'il rend énergique : « Cette souffrance, après tout, je l'ai bien méritée : ça fait du bien de souffrir, c'est pour le bon Dieu. »

Atteint, une autre fois, d'un érysipèle, miné de nouveau par une très forte fièvre, il est obligé de se tenir auprès du poële. Il avoue à ses amis qu'il souffre beaucoup, mais qu'il n'ose pas demander d'être délivré de cette affection, de crainte d'agir contre le bon plaisir de Dieu.

Est-il pris à l'usine, en maniant une ensouple garnie, d'un violent mal de reins, il essaie de se raidir contre la douleur. Incapable pourtant de demeurer debout, obligé même de se coucher, il commande à ses enfants de mettre dans son lit une planche à peine équarrie, afin de pouvoir, selon son expression favorite, « imiter davantage son Jésus en Croix ».

CHAPITRE VII

**Dernières années. — Ses maladies. —
Sa mort**

« Imiter Jésus en croix », ce fut le souci de sa
vie; c'est mieux encore celui de ses dernières années. Un jour, en soulevant un rouleau de fil, il
glisse et heurte malencontreusement le rebord de
son métier; il ressent une sorte de douleur fixe et
sourde, mais s'obstine à ne rien dire. Le dimanche suivant, il fait de grands efforts pour aller
à l'Assemblée générale des Conférences de Saint-
Vincent-de-Paul, qui se tient à l'Institution Saint-
Jude, lire un rapport détaillé sur la Société dont
il est le président. Au retour, il se sent très fatigué; il se résigne à se coucher Le docteur est
mandé et constate une fracture des côtes. François doit garder le lit pendant neuf à dix semaines. Il se met à tousser; les quintes s'accentuent,
deviennent telles qu'il est obligé de se crisper aux
barreaux de son lit ou d'une chaise. Il veut se le-

ver, non encore remis, et reprendre son travail. Les journées sont plus dures et plus fatigantes pour lui; il ne veut s'accorder ni accepter aucun adoucissement; il refuse même d'échanger son emploi contre un autre moins astreignant; il continue, sinon avec la même activité, du moins avec la même régularité, à faire battre ses métiers de tisseur. La toux, une toux sèche, saccadée, le contraint parfois à s'arrêter le long du chemin; il ne persiste pas moins à satisfaire comme auparavant à tous ses devoirs, à remplir, sans aucune restriction tous ses exercices de piété; il égrènera même davantage son chapelet et fera plus fréquemment le chemin de la croix. Six ans se passent ainsi : la santé de François, loin de se rétablir, a décliné sensiblement. Un abcès se déclare à l'endroit de la cassure des côtes : François, abattu par la fièvre est de nouveau forcé de s'aliter; on lui propose d'occuper un lit au premier étage; il veut rejoindre sa petite chambrette, sa couche austère du second; c'est là que, pendant huit semaines, avec autant d'énergie que de confiance, il luttera contre le mal qui s'acharne à le terrasser. « Il vaut mieux souffrir que jouir », murmure-t-il à sa fille. Et le tisseur devient le malade résigné.

Au bout de quelque temps, une tumeur laryngée vient aggraver sa situation. Menacé d'asphyxie, il accepte de subir une opération chirurgicale. Il est transporté à Lille, au dispensaire Saint-Camille, où il sera soigné par ses propres enfants. Il se montre hôte très doux, très patient, en même temps que très reconnaissant. D'accord avec la famille, les docteurs, en raison de l'envahissement des ganglions, décident de recourir à la trachéotomie comme opération palliative. François supporte ces souffrances avec une résignation complète; il avoue avoir été incommodé plus par les froissements imprimés à sa barbe que par les incisions nécessitées par la fixation, à deux reprises différentes, d'une canule à gros diamètre. Il rentre au logis soulagé; il peut rester assis sur un fauteuil, recevoir ses amis; ceux-ci n'entendent jamais une plainte tomber de ses lèvres; et comme l'un d'eux lui demande s'il éprouve encore autant de gêne : « Oh! non, murmure-t-il, je souffre beaucoup, mais je le fais bien volontiers pour mon Dieu qui nous a tant aimés, qui a tant souffert pour nous. Je désire souffrir encore davantage pour le salut des pauvres pécheurs. » Des pauvres qu'il visite ont insisté pour l'approcher : il veut pour eux se lever de son fauteuil, riant et disant : « Voyez, je suis guéri; c'est tout, je n'ai plus de mal. » Et il s'informe comme d'habitude de leurs besoins, de leurs enfants. « Nous allons réciter une dizaine de chapelet pour vous », disent ceux-ci en partant. Rien ne pouvait lui être plus agréable; des larmes mouillent ses paupières. « Je vous remercie bien, dit-il, en étreignant leurs mains, mais que la volonté de Dieu soit faite et non la mienne. » Et, apercevant, après leur départ, un flacon du Sirop de l'Abbaye qu'on est allé chercher pour lui chez le pharmacien, il appelle l'une de ses filles : « Vite, ordonne-t-il, prends cette bouteille et cours la remettre à ce brave homme qui vient de sortir; il s'est dérangé de si loin et il est si fatigué! Il est plus pauvre que nous, il a besoin de cela plus que moi. »

Une seconde opération est jugée urgente. Vers le début de 1911, François est de nouveau transporté en automobile à Lille, au dispensaire Saint-Camille. Durant les dix jours qu'il séjourne là, accompagné de l'une de ses filles, il se montre le même malade aimable et patient. Le jour fixé pour l'opération, un jeudi, il monte lui-même à la salle où déjà l'attendent les docteurs. Il ne veut pas se laisser endormir; tout se fait rapidement. Il redescend calme, souriant : « J'ai bien supporté cela avec l'aide du Bon Dieu et de la Sainte Vierge; la Sainte Vierge est toujours si bonne pour moi! » Le mal continue à progresser et s'étend : il ne peut plus être enrayé. François est ramené au foyer; il passe bien vite du fauteuil au lit, cachant ses douleurs, de plus en plus fortes, sous un sourire. Il fait allumer une veilleuse devant l'image de la Sainte Face et une autre dans sa chambrette, en face de son lit, aux pieds d'une statuette de Notre-Dame de Lourdes; il demande même qu'on ajoute quelques fleurs. Il passe ses journées, ses nuits à réciter des « Ave Maria », à baiser son cher crucifix, le crucifix teint de son sang. « Je suis toujours uni à Dieu », avoue-t-il à ses enfants. Les jours où il a le bonheur d'avoir la visite de son Dieu, il est comme tout transfiguré et grandement fortifié.

Malgré le secours des appareils, la respiration se fait plus pénible : il éprouve maintenant de la peine à parler; bientôt ce lui sera une chose permise par intervalles, puis chose défendue, puis chose impossible. Ne plus pouvoir s'exprimer, devoir emprunter une ardoise, un papier pour consigner sa pensée est pour lui un gros sacrifice. « Je souffre parce que je ne sais pas parler », trace-t-il d'abord; et il ajoute : « Je demande pardon, j'expie mes péchés : Dieu soit béni, Dieu soit loué! Loué soit Jésus-Christ à jamais! »

Ses patrons lui font de fréquentes visites : « Je remercie ces Messieurs, crayonne-t-il, qui sont venus me voir et prient pour moi. » Il est profondément reconnaissant des marques de sympathie qui lui sont témoignées : « Vous m'avez fait un grand plaisir de venir, écrit-il en gros caractères avec un morceau de craie, je vous demande une bonne prière. » C'est la requête qu'il se plaît à répéter. La venue de son confesseur et directeur, les visites du pasteur vénéré de la paroisse, de l'Aumônier du Cercle, des prêtres qui le connaissent, lui sont choses excessivement agréables et sensibles. « Ces entretiens me sont une consolation », déclara-t-il. Un ami, selon son désir exprimé antérieurement, lui rappelle de se tenir bien soumis à la volonté de Dieu. Du geste il fait comprendre qu'il est tout entier entre les mains de la Providence et lentement il crayonne sur son ardoise : « Il arrive parfois que nous obtenons des choses que nous n'attendions pas; d'autre fois, nous voudrions recevoir de grandes grâces, et ce que nous demandons est-il toujours selon ce qui peut le mieux plaire à Dieu ou contribuer à notre meilleur profit spirituel? »

Étendu sur un lit, au point de ne pouvoir mouvoir la tête durant de longues heures, il songe aux détails du ménage, demande, avec le secours du crayon et de son carnet de conversation, que les pièces soient aérées et appropriées, que l'on ne se couche pas trop tard, que surtout l'on ne prolonge pas au-delà des limites convenables la soirée et le travail du samedi; que, comme d'ordinaire, le dimanche matin, dès 5 h. ½ et 6 heures, tout dans la maison continue, et il souligne ces mots, « à être en mouvement, à être organisé pour le meilleur bien de l'âme et pour glorifier Dieu »; et il complète : « Si l'on repasse tard, fort tard, comment pourra-t-on se lever tôt le lendemain matin pour servir le Bon Dieu? Que le dimanche reste bien à Dieu; le travail du dimanche ne plaît jamais. » Se souvenant qu'il a oublié de faire célébrer une messe d'action de grâce dans le sanctuaire de la Vierge, à Messines, il commande à son fils de se rendre là-bas à pied et d'exécuter en son nom la promesse faite. Il est très attentif pour son épouse et ses enfants, ne voulant pas les fatiguer. « Non, non, voilà trois jours, fait-il savoir à l'une de ses filles, que tu es restée avec moi; va te reposer. » Il les rassure

« Oh! aujourd'hui, j'ai mangé avec un appétit de tigre! » On veut lui envoyer du champagne pour l'aider à se remonter aux heures d'épuisement; il répond en sollicitant de l'eau de Lourdes; et lorsqu'il a cette eau, il en disperse volontiers des gouttes dans ses potions et ses aliments. Les insomnies deviennent plus fréquentes, plus prolongées. « Dis une bonne prière à Notre-Dame de Lourdes, demande-t-il une nuit à sa garde-malade (ce sont ses filles seules que, à tour de rôle, il admet auprès de lui pour le soigner ou le veiller); oui, dis un bon « Ave Maria »; il y a longtemps que je n'ai dormi. »

Les spasmes augmentent. On offre à François de porter sur lui des reliques de la Bienheureuse Marguerite-Marie, des objets ayant appartenu à Pie IX : il accepte avec grande satisfaction. Mgr Delamare, archevêque de Cambrai, informé de l'état et des dispositions du malade, détache de sa poitrine un petit sachet contenant une mèche de cheveux de M. Philibert Vrau et l'envoie par l'entremise d'un de ses Vicaires Généraux : François est confondu et ému de tant de bonté. Des neuvaines de prières et de communions sont demandées. Au début, une certaine amélioration se produit, puis le mal reprend sa marche implacable et rapide. François, malgré ses crises d'oppression, à la fois plus aiguës et plus multipliées, demeure résigné et confiant. « Qu'a dit le médecin, hier, demande-t-il à sa fille sur le feuillet de son carnet? Il est bien bon et bien dévoué; ce

n'est vraiment pas la peine qu'il se dérange autant pour moi. Qu'est la science, l'habileté hu-
maine? Dieu est plus puissant que l'homme :
Dieu seul peut tout. »

Un matin, alors qu'il médite sur son crucifix, on
lui apporte une bénédiction du Souverain Pontife : ses yeux s'emplissent de larmes. Maintes
fois il réclame son ardoise ou son carnet et écrit :
« Dieu soit loué! Dieu soit loué à jamais! » C'est
le seul merci, le seul mot que désormais il mon-
trera, avec son visage le plus souriant, à ceux qui
viennent le visiter; il voudra même conserver
cette formule écrite devant lui, et la désignera
souvent du doigt ou du regard.

La situation du malade empire : une issue fa-
tale est menaçante. Le docteur avertit la famille.
François prie, espère toujours; avec un zèle attentif et jusqu'au dernier jour, il veillera à ce
que l'huile de la veilleuse, qui brûle constamment
devant la statue de Notre-Dame de Lourdes,
soit bien exactement renouvelée; son regard se
tourne souvent vers la Vierge, vers le Christ.
« Tout à l'heure, note-t-il, sur une autre page de
carnet, d'une écriture qui n'est plus aussi ferme,
j'ai entendu, ma fille, que tu disais que ton père
allait mourir; je crois que les gens disent cela; il
n'y a que moi qui conserve confiance. »

Les jours suivent; une profonde tristesse semble l'envahir : des pleurs coulent. « Je ne sais
pourquoi, écrit-il péniblement, j'ai peur; la mort
m'effraie! » La crise n'est que passagère; il fait

un geste vers le crucifix; ses lèvres ne prononcent
plus, mais esquissent ces mots : « Dieu soit loué!
La volonté de Dieu soit accomplie! » Il ma-
nifeste le désir de voir son frère; celui-ci ne
pourra arriver à temps. Il ne veut pas qu'on rappelle ses filles religieuses, il saura cependant que
l'une d'elles s'est mise en route pour venir le
voir.

Et, se sentant de plus en plus oppressé, s'apercevant que son bras devient de plus en plus difficile à soulever, il donne ses derniers conseils à
sa famille, recommandant particulièrement à ses
enfants d'aimer leur mère comme lui-même l'a ai-
mée. Puis il se renferme dans la pensée de Dieu et
de l'éternité.

Et un jour, un jour de mai 1911, dans le mois
de la Vierge, au moment où il s'apprête à goûter quelques parcelles d'un gâteau de pommes de
terre qui a été préparé pour lui, sa tête s'incline
doucement, et peu à peu sur les épaules de l'une
de ses filles... La mère, les enfants, s'assemblent
autour du lit, comprimant des sanglots prêts à
éclater. La prière monte des lèvres et du cœur de
tous, aimante, ardente, résignée.

Et l'époux, et le père, à l'âge de soixante-trois
ans, disparaît de la terre, sans bruit, sans se-
cousse, comme enveloppé de l'amitié divine.

L'apôtre, le bienfaiteur est regretté et pleuré.
Un flot de reconnaissance et de prières s'élève autour de sa couche funèbre; les ouvriers escor-
tent jusqu'au cimetière, et les compagnons d'ate-

lier, réclamant à l'envie l'honneur de porter sur leurs épaules celui qui avait voulu consumer sa vie, toute sa vie, dans un travail obscur et l'accomplissement du bien.

**

Son corps repose dans le cimetière d'Armentières, au fond, contre le mur, à gauche, où souvent ceux qui l'ont connu et vénéré vont en pèlerinage se recommander à son intercession auprès de Dieu.

Puisse, son exemple, susciter des générations d'ouvriers qui lui ressemblent !

TABLE DES MATIÈRES

Imp. FOURNIER, r. Constantine, Toulouse.

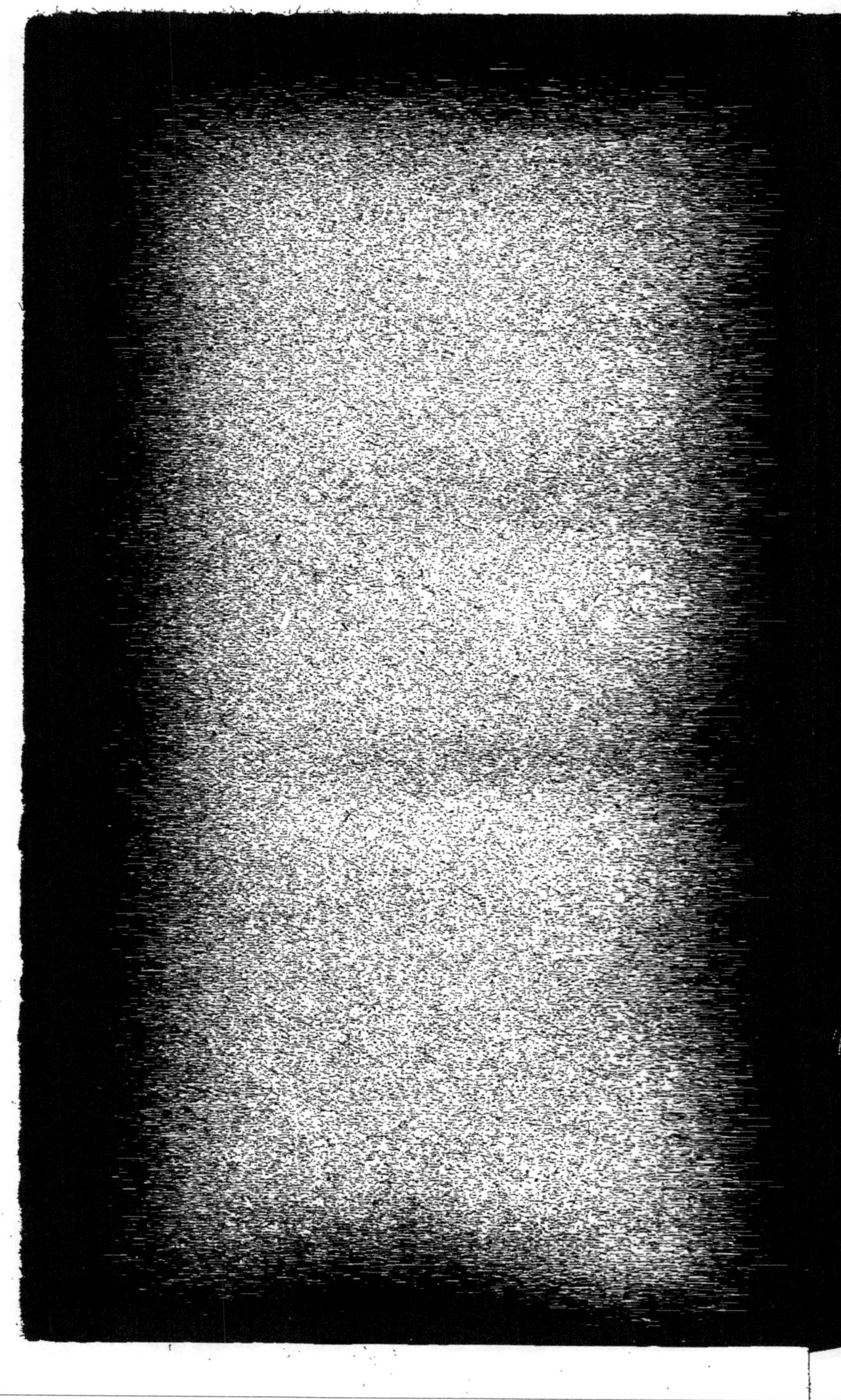

9 782329 206165